JN096738

SNE ジャーナル

第 28 巻第 1 号　2022.10

特　集：特別ニーズ教育の「特別ニーズ」とは何か

書　評

図書紹介

SNE ジャーナル, 28(1), 2022, 1−4

特集にあたって

特別ニーズ教育の「特別ニーズ」とは何か、改めて検討する

髙橋 智

（日本大学／理事・研究委員長）

　第9期理事会・研究委員会は2019年から2022年までの任期3年間の課題研究として、前期第8期理事会の第24回研究大会課題研究（2018年）・SNE ジャーナル第25巻特集「改めて『特別ニーズ教育』とは何か」（2019年）の議論と研究成果をふまえて、「特別ニーズ教育に関する概念整理・国際比較・学史的展望」を設定した。日本特別ニーズ教育学会（以下、SNE学会）の基本原理である「特別ニーズ教育」に係る概念について、その現代的な意義・役割・独自性と課題について改めて検証する作業である。本題に入る前に、その作業課題の意味について少々説明する。

　その課題設定の理由は、1995年11月25日のSNE学会の設立（設立当時の名称は「特別なニーズ教育とインテグレーション学会」、2003年10月に現行名称に変更）からすでに四半世紀以上が経過して、世代交代も大きく進む中で、次代を展望するためには、SNE学会が構築してきた特別ニーズ教育に係る概念の学史的整理を丁寧に行い、特別ニーズ教育の成立・展開・課題・展望等の研

キーワード

日本特別ニーズ教育学会　the Japanese Society for Special Needs Education

特別ニーズ教育　Special Needs Education

特別な教育的ニーズ　Special Educational Needs

障害論とニーズ論　Theory of Disabilities and Needs

当事者　Person Concerned

く求められているからである。

　周知のように、1994年のユネスコ・スペイン政府共催の特別ニーズ教育世界会議「行動大綱とサラマンカ声明」において特別ニーズ教育とインクルージョンが提唱されたが、それ以降、特別ニーズ教育は国内外においてどのような進化・発展を遂げてきたのであろうか。サラマンカ声明等の国際動向と軌を一にして日本において特別ニーズ教育研究を先導・主導し、2007年度の特別支援教育制度の創出にも少なからぬ影響を与えてきたと自負するSNE学会が、いま取り組むべき特別ニーズ教育の課題は何であるのか。しかし、その一方で、特別ニーズ教育と特別支援教育・インクルーシブ教育の違いが必ずしも判然とせず、むしろ特別ニーズ教育はそれらに埋没し、包摂されてしまったかのような印象を与えてはいないだろうか。

　そうした問いや疑問に少しでも応えるべく、「特別ニーズ教育に関する概念整理・国際比較・学史的展望」を行い、次期を展望していくことが第9期理事会の課題研究の目的である。また、この間の「大学の貧困・多忙化、教育学部の統廃合、教職大学院化と教育学の基礎研究軽視」等の動向も相まって、特別支援教育研究がより一層「ドメスティック」になって外国研究が大きく減少している現状をふまえて（コロナ禍がさらに拍車をかけている）、特別ニーズ教育における継続した外国研究・国際比較研究の必要性も視野に入れて課題研究を構成した。

　そのような問題意識のもと、初年度の課題研究「『障害』から問い直す特別ニーズ教育─障害論とニーズ論の接点─」（SNEジャーナル第26巻特集、2020年）では障害概念との関係で特別ニーズ教育の特質・意義を問い直し（担当：澤理事）、第2年度の課題研究「特別ニーズ教育と比較教育学の地平」（SNEジャーナル第27巻特集、2021年）ではドイツ・カンボジア・米国の障害児教育・特別教育・インクルーシブ教育との比較教育的考察を通して日本の特別ニーズ教育研究の課題を鋭意検討してきた（担当：加瀬代表理事、黒田理事）。

　そして第9期理事会のまとめとなる第3年度の課題研究は「特別ニーズ教育の『特別ニーズ』とは何か、改めて検討する」として、研究作業を進めてきた（担当理事：髙橋）。具体的な論点としては、①「特別ニーズ（特別な教育的ニーズ）」とは「誰のいかなるニーズ」であるのか、SNE学会は「特別ニーズ

（特別な教育的ニーズ）」における「主体性・当事者性・権利性」についてどこまで解明してきたのか、②障害論と特別ニーズ論の関係と構造（障害児教育と特別ニーズ教育の関係と構造）、③就学前の幼児における特別ニーズとは何か、④SNE学会ではこれまでほとんど未検討であった重症心身障害を有する子どもの特別ニーズとは何か、⑤当事者が捉える当事者の特別ニーズとピアサポートの実践の検討等が俎上に載せられた。

　これらの論点をふまえ、研究委員会では以下のようなテーマ・内容で特集を構成した。執筆を担当したのは第9期理事の河合隆平氏・田中謙氏・渡邉流理也氏と筆者、そしてSNE学会設立当時から先駆的に「当事者・ピアサポート」の研究と実践を牽引してきた森定薫氏（第10期理事予定）である。

①　髙橋智（日本大学）「特別ニーズ教育の『特別ニーズ』についての学史的検討—SNE学会設立10年間の議論のレビューから—」：1995年のSNE学会設立から2006年の特別支援教育の制度化決定までの約10年間における『SNE ジャーナル』等における「特別ニーズ（特別な教育的ニーズ）」に関わる論考をレビューし、「特別ニーズ（特別な教育的ニーズ）」概念に関わる議論の学史的検討を行い、その成果・到達点と課題を明らかにする。

②　河合隆平（東京都立大学）「障害児教育からみた特別ニーズ教育論の到達と課題」：障害児教育と特別ニーズ教育の関係構造、特別な教育的ニーズの対象論と障害カテゴリー、場へのニーズという三つの論点から、インクルージョンがもたらす問題状況に対して障害児教育と特別ニーズ教育が果たすべき機能・役割を論じる。

③　田中謙（日本大学）「就学前期における特別ニーズ教育の課題と展望—幼児教育・保育および療育と、保護者に対する子育て支援の動向から—」：戦後日本における特別ニーズを有する就学前期の子どもを対象とする幼児教育・保育・療育と保護者に対する子育て支援の動向を概観してその特質を示し、就学前期における特別ニーズ教育の課題と展望について検討する。

④　渡邉流理也（新潟大学）「重症心身障害を有する子どもの特別ニーズと

は何か―その把握・理解と支援―」：重症児のニーズについて、重症児本
人から生ずるニーズ、養育者との関係から捉えられるニーズ、地域資源に
関係した要因から生じるニーズに整理して検討する。著者は人工呼吸器を
必要とする超重症児の主介護者として養育に携わった経験があり、その経
験も交えて重症児の特別ニーズについて論じる。

⑤　森定薫（ピア・サポートセンター代表／社会福祉士）「当事者の特別ニー
ズとピアサポート―不登校、不適応、被虐待、精神障害、ヤングケアラー
問題等のピアサポートを長らく開拓してきた当事者の立場から―」：特別
ニーズを持つ当事者から見た本学会の活動、学校教育修了後の特別ニー
ズを持つ青年へのピアサポート実践をふまえ、当事者から見た現在の課題
や提案を行う。

　筆者は「特別ニーズ（特別な教育的ニーズ）」概念の学史的検討を担当した
が、特別ニーズ教育という新たな教育科学を学会挙げて創造していこうとす
る、SNE学会設立当時の関係者の強い意気込みと熱気を思い起こし、また改
めて特別ニーズ教育の意義・価値とその構築においてSNE学会が果たしてき
た役割について等再確認できた大事な機会でもあった。

　もし、かりに特別ニーズ教育と特別支援教育・インクルーシブ教育の違いが
必ずしも判然としないという印象があるとするならば、それはSNE学会がフ
ロンティアとして先駆的に取り組んできた特別ニーズ教育の理念・システム・
内容等に、後発の特別支援教育・インクルーシブ教育が徐々に近づいてきたと
いうことであろう。

　さて、この特集にもとづいて、第28回研究大会（上越教育大学・新潟大学、
オンライン開催）において課題研究「特別ニーズ教育の『特別ニーズ』とは何
か、改めて検討する」を開催予定である。多くの会員のみなさまの参加と議論
に期待したい。

SNE ジャーナル，28(1)，2022，5 - 22

特　集

特別ニーズ教育の「特別ニーズ」に
ついての学史的検討
—SNE学会設立10年間の議論のレビューから—

髙橋　智

（日本大学文理学部教育学科）

　本稿では、1995年の日本特別ニーズ教育学会設立から2006年の学校教育法等の一部改正による特別支援教育の制度化決定までの約10年間に限定して、学会誌『SNE ジャーナル』および学会の関係著作における「特別ニーズ（特別な教育的ニーズ）」に関わる論考をレビューしながら、SNE学会の「特別ニーズ（特別な教育的ニーズ）」概念に関わる議論の学史的整理を行い、その成果・到達点と課題について検討してきた。そのなかで「特別ニーズ（特別な教育的ニーズ）」概念における構造化・階層化の議論や子どもの「特別ニーズ（特別な教育的ニーズ）」の理解・把握における「主体性・当事者性・権利性」の視点は、きわめて先駆的、独自的であると評価できるものである。しかし、「特別ニーズ（特別な教育的ニーズ）」の「構造化・階層化および主体性・当事者性・権利性の視点」に基づく特別なニーズ教育の研究・実践・サポートの深化・拡充にはまだしばらくの時間を要したのであり、そのことについての継続した学史的検討が不可欠である。

キーワード

日本特別ニーズ教育学会　 the Japanese Society for Special Needs Education
特別な教育的ニーズ　Special Educational Needs
学史的検討　Academic Historical Review
当事者性　Characteristics of the Parties

Ⅰ．はじめに

　本誌の「特集にあたって」でも述べたように、第9期理事会・研究委員会は2019年から2022年までの任期3年間の課題研究として「特別ニーズ教育に関する概念整理・国際比較・学史的展望」を設定した。日本特別ニーズ教育学会（以下、SNE学会）の基本原理である「特別ニーズ教育」に係る概念について、その現代的な意義・役割・独自性と課題について改めて検証する作業である。SNE学会が構築してきた特別ニーズ教育に係る概念の学史的整理を丁寧に行い、特別ニーズ教育の成立・展開・課題・展望等の研究蓄積を可視化できるようにして次世代への継承・発展を担保することが強く求められているからである。

　その一環として課題研究「特別ニーズ教育の『特別ニーズ』とは何か、改めて検討する」を担当し、その成果の一部は第28巻特集として執筆の4名の方々とともに作業を進めてきた。また第28回研究大会（上越教育大学・新潟大学）でもオンラインであるが課題研究として報告予定である。

　上記の課題研究において筆者に与えられた役割は、学会誌『SNE ジャーナル』およびSNE学会関係著作における「特別ニーズ（特別な教育的ニーズ）」に関わる論考をレビューしながら、SNE学会の「特別ニーズ（特別な教育的ニーズ）」に関わる議論の学史的検討を行い、その成果・到達点と課題を示すことである。

　しかし、27年間においてSNE学会にて蓄積された業績は膨大であり、また紙幅の関係からも、1995年11月のSNE学会の設立（設立当時の名称は「特別なニーズ教育とインテグレーション学会」、2003年10月に現行の「日本特別ニーズ教育学会」に変更）から2006年の学校教育法等の一部改正による特別支援教育の制度化決定までの約10年間に限定してレビューを行う。

Ⅱ．学会設立時期の「特別ニーズ（特別な教育的ニーズ）」の概念

　最初に、SNE学会設立の前史的な動向について簡単におさえておきたい。

1979年の養護学校教育義務制後の障害児の学習権保障の課題は、渡部（1996）が指摘するように、その「形式的保障」から「実質的保障」へと移行し、具体的には障害の重度・重複化や多様化、教育対象の広がりに対応するため、教育年限延長、訪問教育制度の整備、希望者全員の後期中等教育進学、教育と医療の連携（病気療養児や医療的ケアの必要な子どもの教育保障など）、放課後や休日・長期休暇中のケア、卒業後の社会参加への移行・進路保障、社会教育・生涯教育や高等教育の保障などが大きな課題となった。

　さらに1980年代後半以降、ノーマライゼーションやインテグレーションの国際動向のもとに、障害児の教育的統合の可能性やその推進方法の解明、通常学級在籍の多様な特別ニーズをもつ子どものケア・サポートが新たな課題となった。1989年の国連第44回総会で採択された「子どもの権利条約」（日本は1994年に批准）では「障害」を理由とした差別を禁止し、障害児の「特別なニーズ」と「教育、訓練、保健サービス、リハビリテーションサービス、雇用準備およびレクリエーション機会」への「特別なケアへの権利」を認めた。特別なケアへの権利の保障に際しては「可能なかぎり全面的な社会的統合ならびに文化的および精神的発達を含む個人の発達を達成することに貢献する方法」で行われるべき原則が示され、ノーマライゼーションと発達保障の統一した方向性が提起されている。

　さらに1993年の国連第48回総会で「障害者の機会均等化に関する標準規則」が採択され、「さまざまな障害をもつ人々のニーズに合致するように配慮されたアクセシビリティと支援サービス」を前提条件に、「障害をもつ子ども・青年・成人の、統合された環境での初等、中等、高等教育の機会均等」の原則が提案された。1994年にユネスコはスペインのサラマンカで「特別ニーズ教育世界会議」を開催し、同会議が採択した「サラマンカ声明と行動大綱」では「全ての者の教育（Education for All）」という標語のもとに、「特別ニーズ教育」と「インクルージョン」いう新しい考え方を示した。

　このような国際動向とまさに軌を一にして、1994年9月の学会設立準備総会を経て、1995 年11月にSNE学会が誕生したのである（その経緯については髙橋（2020）を参照）。

　現在の学会会則では「本会は、特別ニーズ教育に関する理論的・実践的研究

を通して、学習と発達への権利に関する教育科学の確立を期する」となっているが、設立時の会則では「本会は、次の課題の追求を通して、学習と発達への権利に関する教育科学の確立を期する。1　障害を有する人々の障害と発達を考慮しつつ、障害児学校や障害児学級だけでなく、多様な教育形態での適切な教育の在り方を研究する。2　確定しうる障害を有しないが、特別な教育的ニーズを有する人々の学習と発達への権利を実現するために必要とされる研究を行う。3　通常の学級での障害を有する人々の学習の可能性とともに、障害を有する人々と他の人々との共習、協同学習を可能な限り実現するための基礎的、実践的研究を行う」と規定され、特別ニーズ教育という新たな教育科学を、学会を挙げて創造していこうとする強い意気込みと熱気が伝わってくる内容である。

　そのことと相即して、初代代表理事の清水（1996）はSNE学会の特徴・課題を、①「障害児と通常の子どもという区別によって実践や学問研究の分野に境界線を引かないで、現在の教育状況下で『特別な教育的ニーズ』をもつ子どもの適切な教育保障の実現のために、通常教育と障害児教育の共同と統合」により「学校（教育）改革」めざすこと、②「子ども・青年が特別な教育的ニーズをもつ場合、その子ども・青年が適切なサービスをうける権利をもつことを認め、その実現を目指す」ことであり、それは「子どもが本来的にもつ権利の問題として把握して、発達保障を実現するためのサポート」であること、③「特別なニーズ教育の内容、方法・技術、補助装置などに関する実践科学を確立することを目指す」と述べている（p.3）

　特別ニーズ教育の創造において鍵となるのが「特別ニーズ（特別な教育的ニーズ）」とは何かの解明であり、その概念定義である。

　窪島（1996）はいち早くその課題を指摘し、「学校教育におけるSENは、主として能力＜ability-disability＞に関係するか、その際、disabilityが何に起因しているのか、障害（impairment）にか、それとも社会的な要因（handicap）にか、を明確にすることが必要であろう。この区別を曖昧にするSENは、現代学校教育への批判能力を喪失して、デメリットの方が優位になる。換言すれば、ニーズ論は常に、障害論と対象論との接点でその質を問われる必要がある。どの子も特別なニーズを持っているという抽象的ニーズ論は、結局のとこ

ろ、対象論と障害論およびニーズ論の相互関係を明らかにしえず、特別のニーズを有する子どもの権利保障にとって有害でさえある」（p.154）として、障害論との関係でニーズ論の解明を指摘する。

さらに「SENの概念を用いるとしても、20%（ユネスコは10%と推定）もの特別のニーズを有する子どもたちがいるとするならば、特別のニーズ自体が再び階層化される必要があろう。すなわち、『障害』に起因するSENの内容と質、『障害のないSEN』の場合の内容と質、『SENが存在しない』場合の通常のニーズの三者の関係およびSENと障害、発達との内的連関を明確にすることが最低限不可欠である。SENの対応は、具体的、個別的に明らかにされなければならない」（p.154）として、「特別ニーズ（特別な教育的ニーズ）」の具体的構造の解明も課題として提起した。

こうした議論をふまえて、「特別な教育的ニーズ」と「特別ニーズ教育」の概念定義を行ったのが渡部（1997）である。渡部（1996）はSNE学会設立当時においてすでに先行して議論や研究を蓄積させてきたこともあり、以下のように概念定義を行っており、その後の議論の基軸になった。

すなわち「特別な教育的ニーズとは、現在の公教育（学校教育）の科学的・民主的な蓄積と到達に立ってなお、子どもの全面的な能力および人格の発達を保障するために、通常の教育において一般的におこないうる教育的配慮にとどまらず、特別なカリキュラムの準備、教育施設・設備の整備、教材・教具の開発、その他の付加的な人的・物的・技術的な諸条件の整備を必要とするニーズのことである。この特別な教育的ニーズにもとづく教育を、特別なニーズ教育という。その対象は、障害児に加えてLD（学習障害）児、不適応児、学習遅進児など、通常の教育だけではそのニーズが満たせない子どもをすべてふくみうる。また、教育の場も特別な学校・学級に限定されず、通常の学級でもおこなわれうるものである。特別なニーズ教育には、教育実践的サービス（学習指導、養護・訓練指導、心理相談など）と教育条件的サービス（人的・物的な特別条件整備）があり、さらに教育実践的サービスには専門教職員による直接的実践サービスと専門教職員が通常学級担任へのアドバイスなどを通じておこなう間接的実践サービスとがある。なお、特別なケアの一環として教育以外の福祉・医療などの関連諸サービスが同時に提供されるべきことはいうまでもな

い」。そして「日本の『特殊教育』機関に在籍する子どもは学齢児の約0.9％に過ぎず、落ちこぼし・いじめ・不登校などの病理的諸現状をかかえる通常学級の教育を根本的に変革することをとおしてこそ、特別なニーズ教育は創出されよう」と展望している（pp.624-625）。

Ⅲ．「特別ニーズ（特別な教育的ニーズ）」の構造化の取り組み

　窪島（1996）の指摘した「特別ニーズ（特別な教育的ニーズ）」の具体的構造の解明に取り組んだのが真城（1997）である。「特別な教育的ニーズ（special educational needs）の概念は、必ずしも明確かつ統一的な概念規定がなされる段階に至っているとはいえない状況が続いているが、概念規定のためには、個体内要因に加えて環境要因が重視され、さらに個体内要因と環境要因との相互作用を考慮することが必要である」（p.3）と強調する。

　特別ニーズ教育において「環境要因を十分に考慮することが強調される」のは、これまで「ニーズの発見の段階において、環境要因を評価することが必ずしも十分に行われてこなかったこと」、すなわち子どものニーズの原因について「障害児教育の領域」では「子ども自身の機能的障害（Impairment）や能力的障害（Disability）レベルの『障害』に帰結されることが多く」「個体内要因への評価とは相対的に環境要因への評価が軽視されてきたことへの反省にたっている」と指摘している（p.4）。そして、子どもの特別な教育的ニーズの理解において「環境要因」を包含することが求められるのは「子どもが所属してる集団やカリキュラム構成、担当の教師等について子どもの教育的ニーズとの関わりの検討を要求する」からであり、さらに「いかなる環境において子どもの特別な教育的ニーズが生じているのかを把握し、特別な教育的ニーズへの対応も把握された環境要因とのかかわりを明確にした教育計画にもとづいて展開されることが必要となる」（pp.4-5）と説明する。

　上記の議論をふまえ、のちに真城（2003）は「今後、日本における『特別なニーズ教育』の展開も、その基礎になる『特別な教育的ニーズ』論の考え方をどのように制度化することができるかが、鍵になるであろう」（p.15）として「特別な教育的ニーズ」論の基本パラダイムについて検討しているが、「特別な

教育的ニーズ」論の「最大の特徴は、それが『個体要因』と『環境要因』の相互作用によって『動的』に規定されるという点である」という（p.12）。

　真城（2003）は、**図1**のように「『特別な教育的ニーズ』論は、子どもの学習上の困難を引き起こしている原因や構造を、子ども自身の要因（個体要因）と子どもを取り巻く周囲の要因（環境要因）との相互作用によって生じる動的な状態を表す概念としてとらえ、必要な対応を導くとともに、子どもの学習環境を不断に高めようとする考え方」（p.22）であり、それは**図2**のように「『個体』と『環境』との相互作用の結果として生じる循環構造」から構成されていると説明する。すなわち、この循環構造によって「『特別な教育的ニーズ』が

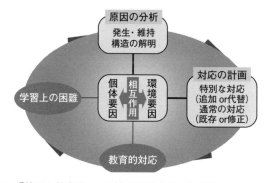

図1　「特別な教育的ニーズ」論の概念図（真城：2003、p.23）

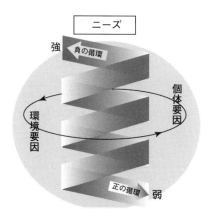

図2　個体と環境による影響の循環（真城：2003、p.55）

強められたり、弱められたりする」のであり、「『特別な教育的ニーズ』への対応を考える際にはこの循環構造をいかにとらえるかが重要となる」と指摘する(p.54)。

　以上に検討してきたように、真城はいち早く「特別な教育的ニーズ」論の構造化に取り組み、「『特別な教育的ニーズ』とは、『個体要因』と『環境要因』の相互作用の結果として生じ、または維持されているものであり、それへの教育的対応の開発・提供とその維持のために通常の教育的対応に付加した、あるいは通常の教育的対応とは異なるコスト（費用・時間・労力）が必要な状態である」と定義した（pp.22-23）。

　この時期、清水（1998）も「『特別なニーズ教育』が何であるかを考えるにあたり、『特別なニーズ』とは何かということが核的な問題となる。『特別なニーズ』が何であるのかを明らかにしないで、特別なニーズ教育を語ることはできない」（p.39）として「特別ニーズ（特別な教育的ニーズ）」の構造化に取り組んでいる。

　「『特別なニーズ』は、心理学的に理解されるべきではな」く、「むしろ、社会学的な用語である『サポート』と結びつけて理解されるということである。そして、『特別なニーズ』は『特別あるいは特段のサポート』のことである」（p.39）。そして「『特別なニーズ』への対応が『サポートの権利』と結びついていないと、『ニーズ』の判定が『放置』や『差別』へと転化することにな」り、「『サポート』の提供を権利として要求できる教育が『特別なニーズ教育』である。その点で、『特別なニーズ教育』は『特別なサポート（付）教育』と言い換え得る」と提起している。清水（2002）では上記の議論にさらに付加して「特定の社会・文化の中で、人が主体的な生活者であろうとすることに伴う生活の困難さとしての『生活ニーズ』から『特別なニーズ』が生起するのであり、その『特別なニーズ』は個人特定的であるとともに、生活の多面性にあわせて多面であり得る」と述べているが、このように多面的な「特別ニーズ」を多様な「サポート」の権利性との相互関係で構造化を指摘したのは先駆的であった。

　また、この時期に渡部（1999）も特別な教育的ニーズの検討課題として、「教育的ケアを伴った教育的診断・評価法の開発」「『特別な教育的ニーズ』の原因

把握」「ニーズの相対的把握」「ニーズの構造的把握」等について言及していたことも付記しておきたい。

Ⅳ.「特別ニーズ（特別な教育的ニーズ）」概念における
主体性・当事者性・権利性の視点

　2000年の『SNEジャーナル』第5巻1号では「特別ニーズ（特別な教育的ニーズ）」研究の新局面を拓くことに繋がるような「誌上討論」が窪島（2000）、鈴木（2000）、髙橋ほか（2000a）の三者で行われた（実際に討論が組織されたのではなく、未発の討論（論争）とも俯瞰できるような論稿が掲載されたのである）。発端は、髙橋ほか（2000a）の「SNE学会の設立からすでに5年が経過したが、なお全体の共通理解になるような特別ニーズ教育概念の定式化に至らず、それが特別ニーズ教育の進展や広がりの障害になっているのではないか」（p.259）として、以下のような問題提起に始まる。

　日本の特別ニーズ教育は「特殊教育（障害児教育）の言い換えやその対象・領域の拡大という方向ではなく、原則的に通常教育の枠組みのなかにおいて、独自の機能として確認され、制度化されるべきである」「なぜならば、特別な教育的ニーズをもつ子どもの大多数が通常学級に在籍している実態があり、その問題の発見と実践的対応に日常的に継続して直接関わることができるのは通常教育関係者であるからである。障害以外の特別な教育的ニーズへの専門性を蓄積していない障害児教育が、特別ニーズ教育としてその対象・領域を拡大するのは現状では不可能であり、過大な負担のもとに現行の障害児教育の弱体化を招くだけなく、通常教育側の問題解決の責任を曖昧にさせることにもつながる」「特別な教育的ニーズをもつ子どもの大多数が通常学級に在籍している実態や、また十分ではないが通常教育でもそうした子どもへの促進教育・補償教育などがこれまで進められている経過からも」「日本の特別ニーズ教育はとくに通常教育との関係で問題をとらえ、議論を深めていくことが大切である」（p.269）。

　以上のことから「特別ニーズ教育を、通常教育の制度的枠組みのなかに新たな機能として創出する。すなわち通常教育の教育諸条件の抜本的改善を進め

て、通常教育でも一定の蓄積のある促進教育・補償教育をさらに整備・拡充していく方向において構想している。その意味で特別ニーズ教育の機能・対象・内容は、通常教育の諸条件や教育内容・方法から直接的な影響を受け、その改善の進捗状況により伸縮するものといえる。それゆえに特別ニーズ教育と障害児教育の関係も、前者が後者を包摂するというのではなく、両者は相互に連携・協同の関係を形成しながらも、相対的に独自な教育対象やケア・サービスを構成する」(pp.269-270) と。髙橋ほか（2000a）の提案を図式化したのが**図3**「特別なニーズ教育概念のモデル試案」である。

教育理念	Education for All （すべての子どもの諸能力と人格の発達保障）		
教育の場	通常学級	通常学級＋特別な 教育的ケア・サービス	特別学級・特別学校
領域モデル	通常の教育 （Ordinary Education） （↔は連携・協同の関係を示す）	特別なニーズ教育 （Special Needs Education）	障害児教育 （Education for Children withDisabilities）
教育対象	「通常の教育的ニーズ」をもつ子ども	＊障害以外の要因による「特別な教育的ニーズ」をもつ子ども（学習遅滞、不登校・情緒不安・神経症・心身症などの学校不適応、身体的・精神的・性的虐待、非行、教育言語の不利をもつ移民・外国人子女など） ＊統合形態で教育を受けることが適切な、障害による「特別な教育的」「ニーズ」をもつ子ども	分離形態で教育を受けることが適切な、障害による「特別な教育的ニーズ」をもつ子ども （⇔は交流の関係を示す）
ケア・サービスの内容	「通常の教育的ニーズ」を充足する 教育的ケア・サービス		
		「特別な教育的ニーズ」を充足する特別な教育的ケア・サービス（①教育実践サービス：通級指導などの特別教育課程、SNE教員・SNEコーディネータの配置など、②教育条件サービス：特別な教室・設備教材教具など） （↔は連携・協同の関係を示す）	障害による「特別な教育的ニーズ」を充足する特別な教育的ケア・サービス（①教育実践サービス：障害児の特別学校・学級における特別教育課程、専門教員介護職員および医療スタッフ（医師、看護婦、OT・PT・STなど）の配置、②教育条件サービス：寄宿舎障害児福祉施設・教育相談機関などの併設、スクールバスなどの送迎サービスほか）
	学校教育において共通する教育・福祉・医療などの諸サービス （学校保健、学校給食、就学奨励、スクールカウンセリング、スクールソーシャルワークなど）		

図3　特別なニーズ教育概念のモデル試案（髙橋ほか：2000b、p.214）

（東京学芸大学高橋智研究室，2000）

　上記の髙橋ほか（2000a）の提起に対して、窪島（2000）は、特別ニーズ教育は「第一に、この概念が障害児教育から出発していること」「第二に、それはあくまで端緒であって、特別なニーズ教育は、本来障害児教育との関係だけでなく、様々な社会的状況に制約されている子どもの発達する権利を保障するため、特別な教育的配慮が必要とされるすべての場合を包括する概念と理解されるべき」ことと説明し、そして「第三に、特別なニーズ教育は、特定の制度的対応や特定の領域（例えば障害児教育と通常学級の教育との二分的関係など）を指す制度的カテゴリーや領域的カテゴリーではなく、個々の子どもの特別な教育的ニーズの多様さに対応する様々な分野での制度的、内容的さらには方法的な対応・アプローチを包摂する理念的・総括的カテゴリーである」として髙橋ほか（2000a）の提案の問題点を指摘した（p.4）。

　なお、窪島以外にも、髙橋ほか（2000a・2000b）の問題提起に対しては、例えば「障害児教育、通常教育とは相対的に独自な領域としてSNEを捉えると、通常学級・通常学校内の特別な支援の場・障害児学校といった場による3分法」に戻るのではないか等の批判や「SNE概念の捉え方が多様であることは研究の草創期にある現段階においてはむしろ歓迎すべきことであり、それぞれの違いを総括するよりも、むしろ各研究者・論者の背負っている現実や背景といった違いの根拠をいっそう重視すべきである」という意見が寄せられた（加瀬：2000、p.98）。

　さて、窪島（2000）の議論においてより一層重要な指摘は、特別な教育的ニーズの「ニーズの主体はあくまで主体たる人格」であり、それは「内的条件（発達段階、心的状況、対人関係など）を通じて人格主体に対する関係に基づいて決定される」として、ニーズ主体の視点から「特別ニーズ（特別な教育的ニーズ）」の新局面を拓く問題提起を行っていることである。

　すなわち「劣弱性、発達限定論的な傾向の強かった『障害』概念を克服し、子どもの発達のへの権利を主体的・能動的に捉えることを表現する概念として『特別な教育的ニーズ』がある。すなわち、障害は、ニーズがそこに起因する要因のひとつではあっても、ニーズの主体はあくまで主体たる人格である。ニーズが何であるかは、個々の障害の部位や特性によって決定されるのではなく、その内的条件（発達段階、心的状況、対人関係など）を通じて人格主体に

対する関係に基づいて決定される。ニーズとは、主体にとっての欠乏感（Mangel）である」と（p.5）。

　そこに鈴木（2000）が、窪島・高橋の議論を調整・発展させる形で介入する。鈴木が特別ニーズ教育の「概念に着目する理由は、それが子どもの権利擁護（アドボカシー）と教育実践の懸け橋になりうる」からであり、アドボカシーとは「自分自身のちからで権利を主張・行使できない当事者にとって自己決定を援助することであり、それとともに当事者の意志に基づいて本人にかわってその権利を擁護するための様々なシステムと活動の総称である」（p. 20）と説明する。

　そして「通常教育と障害児教育との谷間に置かれ居場所を失ってきた子どもたちへの教育的対応は、教育的ニーズと教育的サービスの間にある教育の質の問題とともに、そうした子どもたちの権利と発達支援を擁護する動きとなって顕在化する。通常教育と障害児教育がそれぞれにかかえてきた課題を同時に検討するこうした機能が特別なニーズ教育概念に内包されていると見ることには妥当性がある」（p. 20）として、特別ニーズ教育概念を子ども当事者の意志・自己決定・権利主張／行使の権利擁護（アドボカシー）という視点から、その意義・機能・役割を検討していくことを提起する。

　さらに鈴木（2000）は、かつて上田敏（1983）が提起して障害概念の見直しを迫り、その新局面を切り拓いたと評価される「やまい（体験としての障害)」＝「患者本人の主観への反映」という主観的側面に注目して紹介するなかで、「特別な教育的ニーズ」「特別ニーズ教育」を当事者性の視点からの捉え

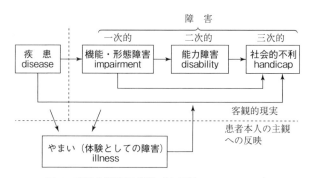

図4　疾患と障害の構造（上田敏：1983、p.72）

直しを次のように提起する。

すなわち「通常教育でも障害児教育においても、上田敏氏による障害の概念が示す、2次的、3次的障害の克服や軽減に重点がある。『やまい（体験としての障害）』といわれる主観的障害部分への働きかけを糸口として、これまでの経験を克服することに寄り添い、当事者の権利とその人の生き甲斐をも一緒に擁護し、積極的な自己の経験を保障していく。その際、この**図表1**（本稿**図3**の髙橋ほか（2000a）の提案を図式化した「特別なニーズ教育概念のモデル試案」：引用者注）において示される「『連携・協同』の部分（矢印⇔）は、『やまい（体験としての障害）』の克服とケア・サービスとのつながりを重ね持つ機能である。障害児学級の子どもが通常学校の行事の中で主人公となり、この学級が全校的な視野から子どもたちの居場所になったり、まわりの子どもたちからの働きかけが障害を持つ子どもたちだけでなく通常学級の子どもたちの『やまいとしての体験』をも克服する環境づくりになっている実践も数多くある」と（p. 29）。

さらに特別ニーズ教育は「当事者本意の教育方法」であり、その基本的前提となるのが子どもの権利条約で示された「特別なケアへの権利」である。すなわち「ケアを受けようとする子どもが自己の特有のニーズを満たすために、ケアの計画を施される権利がある。その場合に、子どもの権利として、そのケアの計画づくりの過程に参加し、意見や態度表明ができることは欠かせない。重要な決定の際にいつでも当事者の理解能力のレベルにふさわしい方法や言葉、空間・時間において説明を受けたり相談でき、現実的な範囲で意見を表明する権利も求められる」（p. 30）のであり、特別ニーズ教育の実施による特別な教育的ニーズの充足においては、この子どもの「特別なケアへの権利」の保障が第一義的に重要であると鈴木は指摘している。

この「未発の討論（論争）」の後に窪島（2002）は、子どもの困難・ニーズの当事者性および権利性について次のように述べている。「さまざまな『子どもの問題』が実はいったい『だれの問題』であるのか、というようなことである。『困った問題』と言われるとき、『困っている』のはいったいだれなのか、だれのニーズなのか、ということが、まず明らかにされなければならない。端的に言うならば、困っているのは、子ども自身なのか、教師なのか、親なの

か、その複合的連関をまず明確にすることが重要である」（p.243）。

そして「特別なニーズ教育は、まずこの点を子どもの発達する権利の観点から明確にする必要がある。ニーズにはサポートが対応する。特別の教育的ニーズは、子どもの基本的人権としての発達する権利、自己決定と参加の発達論に基づいて、ニーズに対応する特別のサポートの内容と程度が明らかにされる」（p.244）と指摘する。

さらに、以前に窪島（1996）が指摘していた「特別ニーズ（特別な教育的ニーズ）」の具体的構造の解明についても、以下のように言及している。すなわち「特別な教育的ニーズ論は、『通常の学校・学級の条件の下では学習と発達が保障できない心理的、生理的、社会的な不全状態にある個々の子ども』の必要・課題をすべて特別な教育的ニーズととらえ、それへの支援・指導を用意することというように、その概念をほとんど無限に近く拡大している。したがって、そのさまざまなニーズを階層化し、構造化することなしにはほとんど空概念になるか、論者それぞれが勝手な内容を読み込むアナーキーな概念となる」（p.244）という批判のもと、「特別な教育的ニーズの視点は、サービスを受ける子どもの立場からニーズとサービス（教育相談と指導）を構造化する」（p.245）と。そして、**図5**のような「教育的ニーズと学校教育相談の構造」を

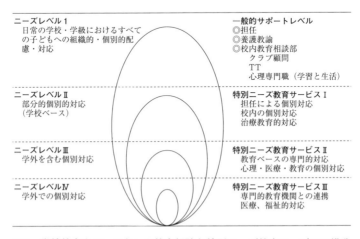

図5　学校教育をベースとした教育相談と特別ニーズ教育サービスの構造

（窪島：2002，p.245）

仮説的・試行的に提示している。

Ｖ．残された「特別ニーズ（特別な教育的ニーズ）」の検討課題

　髙橋（2004）は、通常の教育学研究者を対象に「特別ニーズ教育とは何か」
という問いを通して、「通常教育」と「障害児教育」の「谷間」に存在する多
様な困難・ニーズを有する子どもに対して、両者がどのような連携と協働のも
とに、いかなる教育支援を行うべきということについて、「対話と協働」の必
要性と可能性を示す事例（通常の保育園・幼稚園における保育困難児問題、通
常学級における病気療養児の困難・ニーズと特別支援等）を示しながら提案し
た。

　しかし、特別ニーズ教育の理念・概念の提起だけでは届かないのが現状であ
り、改めて「主体性・当事者性・権利性の視点」にもとづく「特別ニーズ（特
別な教育的ニーズ）」のリアルな実態解明や実践との連携・協働によるアク
ションリサーチ等が求められた（そうした取り組みの一環が、日本特別ニーズ
教育学会（2008・2009）である）。

　荒川（2005）も「教育的ニーズに応える」ことを理論的実践的に深めていく
課題を以下のように指摘している。すなわち「これまで関係者の間で議論され
てきたのは、どちらかといえば制度問題が中心であったが、今後、それとも密
接に関わりつつ、実践上の問題がより重要性を増してくる」。なぜならば「か
つて指摘された障害だけ見て子どもを見ない指導と同じように、困難だけを見
て子どもをバラバラに理解することに陥ってしまう」現状があり、そうした
「問題性の一因は、『教育的ニーズに応える』ということが、関係者の間で十分
に深められてこなかったことによる」と言及している（pp.4-5）。

　こうした特別なニーズ教育研究の打開のためには、第一に「教育的ニーズそ
のものをどう捉えるかと同時に、学校教育において生じる福祉的あるいは生活
上のニーズや医療・保健的ニーズなどとの関係を整理する必要」があり、第二
に「『ニーズ論』をさらに深め、それを踏まえながら、具体的な読み書き指導、
問題行動への支援、相談活動あるいは校内体制や地域支援体制の在り方が検討
されなければならない」こと、第三に「障害ないし特別な教育的ニーズとエス

ニック・マイノリティ、ジェンダー、階級・階層の問題とを交差させた研究を意識的に進め」「『社会的不利・弱者層』の教育的ニーズに関する共通性・普遍性と、それぞれの固有の問題を整理していく必要」を課題として提起している（pp.5-6）。

　さらに荒川（2006）は2007年度からの特別支援教育の制度化を前に、またWHO「国際生活機能分類」（2001年）や国連総会における「障害者権利条約」の審議動向もふまえながら、「インクルーシブ教育や特別ニーズ教育を考える上で、『障害』や『特別な教育的ニーズ：SEN』の概念についてさらに検討していくこと」の必要性を指摘している。

　なお、SNE学会は特別支援教育の制度化という社会的要請もあり、結成から10年間の研究実践の成果に基づき、総力（執筆者35名）を挙げて、2007年に日本特別ニーズ教育学会編『テキスト特別ニーズ教育』を刊行した。当時、その基本テキストとしての刊行意義は十分に大きいものであったが、本稿で検討してきた「特別ニーズ（特別な教育的ニーズ）」概念における「構造化・階層化および主体性・当事者性・権利性の視点」の深化・発展についてはなお不十分であり、次期の課題となったのである。

Ⅵ．おわりに

　本稿では、1995年のSNE学会設立から2006年の学校教育法等の一部改正による特別支援教育の制度化決定までの約10年間に限定して、学会誌『SNEジャーナル』および学会の関係著作における「特別ニーズ（特別な教育的ニーズ）」に関わる論考をレビューしながら、SNE学会の「特別ニーズ（特別な教育的ニーズ）」概念に関わる議論の学史的検討を行い、その成果・到達点と課題について明らかにしてきた。

　そのなかで「特別ニーズ（特別な教育的ニーズ）」概念における構造化・階層化の議論や子どもの「特別ニーズ（特別な教育的ニーズ）」の理解・把握における「主体性・当事者性・権利性」の視点は、きわめて先駆的、独自的であると評価できるものである。

　しかし、「特別ニーズ（特別な教育的ニーズ）」の「構造化・階層化および主

体性・当事者性・権利性の視点」に基づく特別なニーズ教育の研究・実践・サポートの深化・拡充にはまだしばらくの時間を要したのであり、そのことについての継続した学史的検討が不可欠である。

文献

荒川智（2005）特別ニーズ教育の理論的研究を進めるために、『SNE ジャーナル』第11巻1号、pp.3-8。

荒川智（2006）特別支援教育とインクルージョン、『SNE ジャーナル』第12巻1号、pp.3-8。

加瀬進（2000）特別なニーズ教育と学校教育改革・1―「特別なニーズ教育（SNE）研究の到達点―、『教育学研究』第67巻1号、pp.97-98。

窪島務（1996）SNE から日本の学校教育を考える、『SNE ジャーナル』第1巻1号、pp.153-158。

窪島務（1998）「特別なニーズ教育」という概念がなぜ必要か、『SNE ジャーナル』第3巻1号、pp.3-8。

窪島務（2000）特別なニーズ教育（SNE）から見た教育・学力問題―学習障害（LD）をひとつの視点として―、『SNE ジャーナル』第5巻1号、pp.3-17。

窪島務（2002）学校における教育相談の役割と位置づけ―特別な教育的ニーズの視点から―、特別なニーズ教育とインテグレーション学会編『特別なニーズと教育改革』クリエイツかもがわ、234-259。

日本特別ニーズ教育学会編（荒川智・髙橋智編集代表／2007）『テキスト特別ニーズ教育』ミネルヴァ書房。

日本特別ニーズ教育学会編（2008）『高校特別支援教育を拓く（SNE ブックレット NO.3）』。

日本特別ニーズ教育学会編（2009）『発達障害と「不適応・いじめ・被虐待」問題（SNE ブックレット NO.4）』。

真城知己（1997）特別な教育的ニーズの評価の視点―イギリスの動向を手がかりに―、『SNE ジャーナル』第2巻1号、pp.3-29。

真城知己（2003）『図説　特別な教育的ニーズ論―その基礎と応用―』文理閣。

真城知己（2007）特別な教育的ニーズとは何か、日本特別ニーズ教育学会編（荒川智・髙橋智編集代表）『テキスト特別ニーズ教育』、pp.7-13、ミネルヴァ書房。

清水貞夫（1996）「SNE ジャーナル」の創刊にあたり、『SNE ジャーナル』第1巻1号、pp.3-4。

清水貞夫（1998）わたしの考える「特別なニーズ教育」、『SNE ジャーナル』第3巻1号、pp.39-53。

清水貞夫（2002）はじめに―特別なニーズ教育とは、特別なニーズ教育とインテグレー

　ション学会編『特別なニーズと教育改革』クリエイツかもがわ、pp.6-17。

鈴木庸裕（2020）通常学校における学級・授業の転換と特別なニーズ教育、『SNE ジャーナル』第 5 巻 1 号、pp.18-37。

髙橋智（2004）「特別ニーズ教育」という問い―通常の教育と障害児教育における「対話と協働」の可能性―、『教育学研究』第 71 巻 1 号、pp.95-103。

髙橋智（2020）四半世紀前の学会設立期をふりかえる―まえがきにかえて―、髙橋智・加瀬進監修・日本特別ニーズ教育学会編『現代の特別ニーズ教育』、pp.3-9、文理閣。

髙橋智・前田博行・猪狩恵美子・是永かな子・千賀愛（2000a）特別ニーズ教育の研究動向―SNE の概念と研究のストラテジ―、『SNE ジャーナル』第 5 巻 1 号、pp.258-271。

髙橋智・前田博行・千賀愛・猪狩恵美子・是永かな子・西村和正（2000b）日本における特別なニーズ教育概念の検討―その理念、領域、対象、ケア・サービス―、『東京学芸大学紀要第 1 部門・教育科学』第 51 集、pp.199-218。

上田敏（1983）『リハビリテーションを考える―障害者の全人間的復権―』青木書店。

渡部昭男（1996）『「特殊教育」行政の実証的研究―障害児の「特別な教育的ケアへの権利」―』法政出版。

渡部昭男（1997）特別なニーズ教育、茂木俊彦編集代表『障害児教育大事典』、pp.624-625。

渡部昭男（1999）特別なニーズ教育と学校改革の課題、髙橋智・渡部昭男編『特別なニーズ教育と学校改革の課題―歴史と今日の課題―（茂木俊彦・清水貞夫監修「講座・転換期の障害児教育」第 1 巻）』、pp.321-341、三友社出版。

SNE ジャーナル，28(1)，2022，23 - 35

特　集

障害児教育からみた
特別ニーズ教育論の到達と展望

河合 隆平

（東京都立大学）

　本稿では、障害児教育の視点から特別ニーズ教育論の到達点と展望について議論するために、1）障害児教育と特別ニーズ教育の関係構造、2）特別な教育的ニーズの対象論と障害カテゴリー、3）「場へのニーズ」という三つの論点を提示した。そのうえで、こんにちインクルージョンが新たな排除を生み出している状況において障害児教育と特別ニーズ教育が果たすべき機能・役割を論じた。特別ニーズ教育は、多様性に還元しえない固有のニーズの視点からインクルーシブ教育を内在的に批判する位置にある。障害児教育は、障害のある場合の固有の権利やニーズを包摂しつつ不可視化しかねない特別ニーズ教育、そしてインクルーシブ教育へのラディカルな批判者といえる。多様性の強調が排除と分断をもたらしている現状において、障害カテゴリー内部にある多様かつ固有なニーズ、そして障害カテゴリー以外の多様なニーズ、それらの多様かつ固有のニーズに徹底的に応じる実践や運動を蓄積していくなかで、特別な教育的ニーズの共通性や共同性を再構造化していく必要性が生まれてくるだろう。

キーワード

障害児教育　pedagogy for children with disabilities

特別ニーズ教育　special needs education

障害　disablities

特別な教育的ニーズ　special educational needs

Ⅰ．はじめに

　本学会は1995年に「特別なニーズ教育とインテグレーション学会」という名称で設立された。その前年1994年にはユネスコのサラマンカ声明が発表されているが、インクルーシブな学校改革を展望しながら、「特別ニーズ教育」という視点から障害児教育改革の構想が打ち出された時期である。2000年代以降、国連・障害者権利条約の成立、特殊教育から特別支援教育への移行など、障害児教育を取り巻く国内外の環境は大きく変化した。その変化は国際生活機能分類（ICF）の発表、教育基本法改正など障害や教育の問題を根本から揺さぶる社会状況とともに進行した。こんにちの教育改革の共通のキーワードともいえる特別ニーズ教育やインクルーシブ教育は、サラマンカ声明や障害者権利条約などの国際的な条約や文書に根拠が求められるが、日本の特別ニーズ教育研究は、日本の障害児教育の実践と理論の蓄積に立脚し、国際動向を批判的に摂取して展開されてきた。

　本稿に与えられた課題は、本学会設立以降の四半世紀の研究動向と議論をふまえて、障害児教育の視点から特別ニーズ教育論の到達点と展望を示すことにある。とはいえ、この課題について全面的に展開することはできないので、今後の議論に向けて若干の論点を提示することにしたい。以下、1) 障害児教育と特別ニーズ教育の関係構造、2) 対象論と障害カテゴリー、3)「場へのニーズ」という三つの論点をおさえたうえで、こんにちのインクルージョンがもたらす問題状況に対して障害児教育と特別ニーズ教育が果たすべき機能・役割を論じる。

Ⅱ．障害児教育と特別ニーズ教育の関係構造

　特別ニーズ教育とは、障害のある子どもを特別な場に措置して特別な教育を行うという特殊教育に対して、対象と場を限定せずに「特別な教育的ニーズ」のある子どもに特別な教育やケアを保障するものである。それは、障害種別に分化した特殊教育では障害のある場合の多様な教育的ニーズに対応できないと

いう状況に対して、特別な教育の「対象と場と内容」の限定性とその三者の「ずれ」を克服するものとして期待された[1]。

　そこで問われたことのひとつは「特別ニーズ教育と障害児教育はイコールなのか」ということであった。特別ニーズ教育と障害児教育の関係について、両者は相対的に独自の機能・対象・内容を有しており、「前者が後者を抱摂するというのではなく、両者は相互に連携・協同の関係を形成しながらも、相対的に独自な教育対象やケア・サービスを構成する」と提起したのが、髙橋智らの研究グループであった[2]。髙橋らは主要な障害児教育学研究者の理論研究をレビューして、特別ニーズ教育は「障害児教育（特殊教育）の言い換えやその対象・領域の拡大という方向ではなく、原則的に通常教育の枠組みのなかにおいて、独自の機能として確認され、制度化されるべきである」と提起した。特別な教育的ニーズをもつ子どもの多くが通常学級に在籍しており、日常的な対応は通常教育関係者が担うのが現実的である。また、障害児教育の対象・領域を拡大することで対応するとすれば、障害児教育を「弱体化」させ、通常教育の「問題解決の責任」を曖昧にする。こうして髙橋らは、通常教育における「促進教育・補償教育」を整備・拡充することで特別ニーズ教育を新たに創出する方向性を提起した。

　障害児教育と通常教育の関係はまた「インテグレーションからインクルージョンへ」の展開に即して批判的に検討されてきた。加瀬進は、そうした理論状況についてスウェーデンの「精神薄弱」問題史を素描しながら、「インテグレーション」概念が「二元システムの功罪両面を見つめながら、それを克服するための理論装置として提起されてきた」として、インテグレーションは「二元論」だから克服すべきという主張は「歴史的視点を欠いた主客転倒の論理」であると批判した[3]。そして「インテグレーションからインクルージョンへ」という予定調和的な展開が見落としてきた歴史と現実を把握し、「インテグレーション」概念のうちに「二元論」を止揚する契機を追究することを提起した。

　これらの理論課題の追究はその後十分になされておらず、特別ニーズ教育について障害児教育との関係、通常教育の内部という二つの視点から相対化する理論研究が求められる。

Ⅲ．特別な教育的ニーズにおける対象論と障害カテゴリーの問題

1．障害のある場合に固有な特別な教育的ニーズ

　特別ニーズ教育を構成する「特別な教育的ニーズ」概念は、既存の障害児教育が医学モデルに依拠して教育対象を制限してきたこと、医学的診断や心理学的判定だけでは障害のある場合の教育的ニーズを適切に把握できないことへの批判として提起された。英国の「ウォーノック報告」(1978) に由来するそれは「劣弱性、発達限定論的な傾向の強かった『障害』概念を克服し、子どもの発達への権利を主体的・能動的に捉えることを表現する概念」であり、ニーズの内容は「個々の障害の部位や特性」ではなく、「その内的条件（発達段階、心的状況、対人関係など）を通じて人格主体に対する関係に基づいて決定される」[4]。こうした捉え方はもっぱら海外から輸入されたものではなく、差別的な特殊教育を批判し、重度障害のある場合を含めた発達保障と平等な教育権保障をめざす「権利としての障害児教育」論において深められてきたものである。

　こうして日本の障害児教育学研究は「発達の必要に応じる」という「権利としての障害児教育」論を発展させる方向で特別な教育的ニーズ概念を批判的に検討してきた。1980 年代後半には、科学的障害者教育研究会が英国の動向を批判的に摂取して「特別な教育的ニーズ」を独自に概念化した。そこでは「ニーズ」概念の包括性を評価しつつ、障害や疾病といった医学的・生物学的なものと社会的・文化的・教育的なものに起因する「学習困難」を区別して捉えられた。そして「ニーズ」としての連続性を有しても、困難の様態や成因によって必要とされる教育指導は異なるため、「学習困難」と「特別な教育的ニーズ」の判定において、障害に関する医学的・心理学的な知見も不可欠とされた[5]。

　英国における「特別な教育的ニーズ」概念の研究をレビューした眞城知己は、1981 年教育法で「特別な教育的ニーズ」概念が導入された後も研究論文では「障害」に関する記述が多く残されていることから、この概念が「障害カテゴリー」の代替概念なのではなく、「各障害固有の教育上の課題の把握とそれへの対応が、実践的には求められ続けて」おり、「こうした実践上の要求を

教育制度上にどのように包含することができるのかが、特別な教育的ニーズに関する教育制度の課題の一つ」であると指摘した[6]。

　こうして特別な教育的ニーズ概念を教育の実践や制度として具体化するうえで、ニーズの個別具体性を捕捉しつつ、障害に固有なニーズを一般的な「ニーズ」に解消させない理論構築が求められた。その背景には、障害論と対象論を捨象した抽象的なニーズ論が、障害児教育の実践の質を低下させ、その仕組みを解体するとの問題意識があった。

　窪島務は「どの子も特別なニーズを持っているという抽象的ニーズ論は、結局のところ、対象論と障害論およびニーズ論の相互関係を明らかにしえず、特別のニーズを有する子どもの権利保障にとって有害でさえある」と喝破した[7]。そしてウォーノック報告が想定するように、学校に特別な教育的ニーズ（SEN；special educational needs）のある子どもが20％も在籍するならば、「特別のニーズ自体が再び階層化される必要があろう」と述べて「『障害』に起因するSENの内容と質、『障害のないSEN』の場合の内容と質、『SENが存在しない』場合の通常のニーズの三者の関係およびSENと障害、発達との内的連関を明確にすることが最低限不可欠である」と提起した。なお、別稿では「①社会階層、階級論などの社会的なレベルで生み出されるニーズ、②個人の生活レベルで生み出されるニーズ、『豊かな質を備えた生活』（"QOL"）の観点でのニーズ、③教育固有の領域（階層）における発達的ニーズ」と社会的視点をふまえた階層を提起している[8]。

　こうしたニーズの階層性は統一的に構造化されなければ、あらゆるニーズを学校教育に無秩序に持ち込んで教育を肥大化させるか、個別化されたニーズが教育を細分化させることになる。そのため、ニーズの階層性をおさえたうえで特別ニーズ教育の対象を明示するカテゴリーが設定される必要がある。

2.　障害カテゴリーとノンカテゴリーアプローチ

　上記のように、ニーズ論が障害と対象論をつなぐ関係にあるとすれば、教育的措置を考えるうえで障害カテゴリーをどう扱うかが問題となる。障害カテゴリーは集合的なニーズと権利の表現といえるが、これを個別のニーズや権利の表現に止揚することが課題となる。

　清水貞夫は「教育法規で規定された障害カテゴリーで障害児を鑑別し」、「障害カテゴリー別の『場』で『特別の教育指導や支援』を提供するシステム」である「カテゴリー別障害児教育」に対して「ノンカテゴリーの教育システム」を提起する[9]。それは「児童生徒に障害カテゴリーのレイブル／ラベルを貼付しないで、児童生徒の抱える教育指導上の課題／ニーズに対応したアプローチを採用するシステム」であり、これを具体化するのが「特別なニーズ教育」である。すなわち、「病理の明白な障害カテゴリーに属する子ども群と病理が不明確な子ども群に2分類し、双方に教育指導上の課題／ニーズに基づき『特別なニーズ教育』を提供する」仕組みである。軽度知的障害や発達障害などの「病理が不明確な子ども群」に「障害以外の理由で学習や生活の上で困難を経験している子どもたち」を添加して「ノンカテゴリーの教育システム」を拡張する構想である。具体的な制度改革としては、「軽度」の障害児が多数在籍する特別支援学級において「障害種別の混合による特別な教育的ニーズと年齢による学級編制」を先行させることが提起されている[10]。

　確かに、特別支援学級を複数開設する学校では障害種別ではなく「障害混合学級」であったり、柔軟な集団編成や指導体制が組織されている。しかし、現行制度の自閉症・情緒障害学級では「自閉症・情緒障害」というカテゴリーのもと、多様な実態や教育的ニーズのある子どもたちが8名までであれば、最大6学年にまたがって在籍することになる[11]。しかもその対象規定は、知的障害の有無等にかかわって自治体ごとに異なる。また、「学校教育法施行令第22条の3」に該当する相対的に重度の障害がある子どもが在籍する学級も少なくない。現行の障害区分にもとづく学級措置の実態を明らかにしたうえで、在籍児の教育的ニーズの個別性と重なり合い、発達や指導の経過のなかでニーズがどのように変化するのかを検討し、特別支援学級の教育機能が十全に発揮されるような教員配置や学級編制基準等の教育条件整備が不可欠である。その前提として、学校教育法施行令第22条の3の制限列挙規定を改廃し、特別支援学校の教育を受ける権利の規定に改め、これを特別支援学級、通級による指導等の特別な場での教育を受ける権利にも広げる必要がある。

　日本の障害児教育制度は「場につく教育」といわれて、その硬直的な制度運用が批判されてきた。そして障害のある場合のニーズの固有性や多層性を適切

に関係づけ、個々の特別な教育的ニーズを充足するために多様性と連続性を
もった教育の場の整備が求められてきた。障害カテゴリー別の学校・学級の設
置も、障害カテゴリーがある程度ニーズの共通性を担保すると考えられたから
であり、特別な教育の場を設定してそこに障害種別に固有の専門的な教育指導
や施設設備を整備してきた。清水が構想する「ノンカテゴリーの教育システ
ム」も「教育指導上の課題／ニーズ」に対応した特別な教育の場を位置づけて
いる。このように障害カテゴリーの議論からは、特別な教育的ニーズを構成す
る「場へのニーズ」とはなにかという問いが浮かびあがる。とりわけ、通常教
育から自律して組織される特別な教育の場へのニーズの内実が問われる。「場
へのニーズ」を考えることは、教育的ニーズの個別性や多様性にもかかわら
ず、ニーズの集合性や連続性を明らかにすることでもある。それは「場につく
教育」から「人につく教育」へと言われた特別支援教育への移行過程でも大き
な論点であったのであり、最後に「場へのニーズ」をめぐる議論を振り返って
おきたい。

Ⅳ.「場へのニーズ」とはなにか？

1.「個のニーズに応じる」という原理と教育実践

　日本で特別な教育的ニーズ概念が注目され始めた2000年前後は、新自由主
義的な社会改編が教育改革に及び始める時期であった。私事化や商品化の性格
を濃厚に帯びた「ニーズ」概念が、学校教育に市場原理や自己選択・自己責任
の論理を持ち込み、教育の公共性を掘り崩して教育の個別化を押し進めること
への危機意識が広がった。森博俊は「特別ニーズ教育」の原理を障害児教育実
践論に敷衍するとき、「①教育実践における『場』のもつ意味への関心を希薄
にする一方、②子どもの状態をもとに『特別な教育的ニーズ』を精査し、③こ
れに個別的、合目的的に接近する作用ないし機能（働き）として教育を捉える
傾向をもつといえる。そこには、④『教育的ニーズ』を客観的かつ要素的に捉
え、「通常の教育」と「特別ニーズ教育」を加算的関係で理解する傾向も認め
られる」と指摘する。こうした「特別ニーズ教育」の傾向性が、一人ひとりの
ニーズに即して「個に応じた指導」を展開する「特別支援教育」と共振するこ

とを批判したのである[12]。

　木下孝司が指摘したように、特別支援教育では子どもの能力や特性を心身の機能ごとにとらえる要素主義的な実態把握が広がり、機能ごとの障害や困難をアセスメントして、可視的に評価可能な行動変容を短期間に求める「要素主義的行動変容型指導」が強められた[13]。個体還元的で脱文脈化されたスキルを形成し、その習得度合いに応じて「自立と社会参加」をめざす「個に応じた指導」は、個人が自身の「企業家」としての市場価値を最大化させるために自己投資を続けるという、新自由主義的な人間把握の障害児教育における現れである。

　特別支援教育とは、既存の特殊教育の資源を発達障害等の教育に振り分けるリストラであり、固定制特殊学級を廃止して通常学校における特別な教育の場を「特別支援教室」に一元化する構想はその象徴であった。越野和之は「特別支援教室」構想から、「特別な教育の場」の機能を通常学級では指導しきれない障害などに直接関係する「特別な対応」に限定する「通常学級教育補完型」という特別支援教育の教育観を読みとっている[14]。この「通常学級教育補完型」教育の原理と方法が「要素主義的行動変容型指導」であるといえる。

　こうした動向に無批判のまま「個のニーズに応じる」ならば、脱文脈化された個別スキルを形成する要素主義の指導を呼び込み、固定的で安定した教育の場は縮減されていくだろう。

　しかし、「個のニーズに応じる」ことがそのまま教育の個人化をもたらすわけではない。そのことを考えるために、生活困難層の子どもへの教師のまなざしを分析した長谷川裕の分析を参照する。長谷川は学校の教師が生活困難層の子どもの個別具体の困難状況に応じながら、子どもを取り巻く社会構造の規定性を軽視し、依存を排して自立をはかることで困難を乗り越えさせようとするまなざしを「主体性志向」と名づけた。そして「主体性志向」の要因を教育内在的に分析し、「個別的アプローチ」の「両義性」に注目する[15]。

　筆者は、個別的アプローチとは、そのスタンスを徹底させるならば、対象とする者の個人的な特性等だけを視野に入れるのでは済まされず、むしろ対象者が取り結んでいる具体的な関係性をこそ把握し、その関係性に依拠したり関係性そのものに働きかけたりすることにつながらざるを得ないものであると考え

る。したがって徹底した個別的アプローチは、やはり主体性志向と相反するものであると考える。

　しかしながらその一方で、個別的アプローチはそれが徹底しないならば、文字通り「個」へのアプローチとなり、そのアプローチに基づく振る舞いを反復するなかで、個人の選択可能性と責任を強調する主体性志向の人間把握を自明視していくことになるし、逆に主体性志向をもつことが個別的アプローチの不徹底を招くことになる。

　個別的アプローチとは、そのような両義性を孕んだものなのである。

　長谷川のいう「個人の選択可能性と責任を強調する主体性志向の人間把握」は「要素主義的行動変容型指導」が作り出そうとする主体と同型である。そうであるならば、特別な教育的ニーズは「個人的特性」の把握で事足りず、「対象者が取り結んでいる具体的な関係性」をまるごと把握し、その「関係性」をつくり変えていける主体の形成（発達）に必要な能力の獲得を見通して理解されなければならない。そうした教育実践の射程は、発達に必要な関係性が埋め込まれた生活や社会の形成にも及ぶだろう。それゆえ、教育を通じて子どもが獲得すべき知識や能力は、個人の生活の文脈や関係性と社会構造による規定性を意識して具体的に構想される必要がある。

2.　障害のある子どもの主体形成と「場へのニーズ」の構成

　特別な教育的ニーズのある子どもにとって、こうしたリアリティのある学びを保障する場をいかに構想することができるか。ここではハンナ・アレントの『人間の条件』の議論から考えてみたい。アレントによれば、「物の周りに集まった人びとが、自分たちは同一のものをまったく多様に見ているということを知っている場合にのみ、世界のリアリティは真実に、そして不安気なく、現れることができるのである。共通世界の条件のもとで、リアリティを保証するのは、世界を構成する人びとすべての『共通の本性』ではなく、むしろなによりもまず、立場の相違やそれに伴う多様な遠近法の相違にもかかわらず、すべての人がいつも同一の対象に係わっているという事実である」[16]。子どもを多種多様な複数の人によって見られる世界に導き入れる営みが、アレントのいう教育である。

　こうして「自分たちは同一のものをまったく多様に見ている」という感覚や認識を共有できるのは同じ障害のある仲間であり、発達的力量の形成課題を同じくする仲間である。仲間と「世界のリアリティ」を共有することで生まれる安心感と信頼感は、ニーズを形づくる以前に感覚される困難や違和感の相互の受けとめを可能とし、そこから個人のニーズを集合的なニーズへと練りあげていく共同性と連帯も生まれてくるだろう[17]。それは、子どもの権利条約（第12条）が定める意見表明の権利主体として、障害者権利条約に即していえば「私たち抜きに、私たちのことを決めない」という参加民主主義の主体として育つための教育といえる。

　したがって「場へのニーズ」とは「世界のリアリティ」を共有可能な他者とともに知性と力量を育むことへのニーズ、障害とともに生きる主体としての集合的なアイデンティティを発達させることへのニーズを含んで構成されるといえないか。そうした発達と教育へのニーズに応じる特別な教育課程や教育内容・方法が構想されなければならない。特別な教育の場は、こうした視点から多様性と連続性をもって整備される必要があり、それらを個人の教育的ニーズに応じて選択できる柔軟な仕組みが構想されなければならない。

Ｖ．多様性がもたらす排除に抗する教育にむけて

　こんにちインクルージョンが強調されるにつれて、特別な教育的ニーズのある子どもの排除が進行している。企業や自治体が推進する「ダイバーシティ＆インクルージョン」のスローガンのもとで、マイノリティに対する差別・不平等の解消は、市場的価値が見込める限りでのマジョリティによるマイノリティへの配慮にすり替えられ、差別・不平等をもたらす関係性や社会構造を改変する道が途絶されようとしている[18]。

　荒川智は、インクルーシブ教育の原理である「多様性に解消できない固有のニーズに焦点を当てながら、全人格的発達を実質的平等に保障することをめざす」のが特別ニーズ教育であると規定する[19]。特別ニーズ教育がインクルーシブ教育の内在的な批判者であるならば、障害児教育は、障害のある場合の固有の権利やニーズを包摂しつつ不可視化する特別ニーズ教育、そして新たな排除

を生み出すインクルーシブ教育に対するラディカルな批判者である。

　障害のある場合の特別な教育的ニーズに徹底的に応じることを欠いては「プロセスゴール」としてのインクルージョンの実現はおろか、特別ニーズ教育として提供される配慮や指導が、障害のある子どもにさらなる抑圧と排除をもたらすことになる[20]。障害児教育は、障害のある子どもが受けてきた権利侵害と差別の歴史に目を向け、教育に内在する抑圧と排除を規制し、既存の学校と社会を問い直し続けるための教育学の知であり、実践といえる。

　障害のある子どもにとってインクルージョンとは抽象的な理念ではなく「前提」であり、目の前にあって解消されなければならない差別・格差、権利侵害の現実をしっかりと見なければならない[21]。だから、障害のある子どもの発する声は「インクルージョン」を実現してほしいという抽象論ではなく、差別・格差を解消し権利を保障せよとの個別具体のニーズである。かれらの特別な教育的ニーズを自身の言葉として表現すること、その言葉を声にして他者に伝えることを支え励ますことが教育の仕事である。そうだとして、その声を聴きとり、そのニーズを社会と学校に埋め返しながら、差別解消や格差を是正していくのが、公教育としての特別ニーズ教育の役割である。

　多様性の強調が排除と分断をもたらす現状においては、障害カテゴリー内部にある多様かつ固有なニーズ、そして障害カテゴリー以外のニーズといった多様で固有なニーズ一つひとつに徹底的に応じていくことが重要である。そうした実践や運動を蓄積していく先に、多様な実態と多面的な表現をもつニーズの根底にある共通性・共同性を再び構造化していく必要も生まれてくるだろう。その過程で特別ニーズ教育の理論も鍛えあげられていくはずだ。

注

1) 荒川智「障害児教育の概念と対象」茂木俊彦・清水貞夫編著『障害児教育改革の展望』全障研出版部、1995、56-95。

2) 高橋智・前田博行・猪狩恵美子・是永かな子・千賀愛「特別ニーズ教育研究の動向―SNEの概念と研究のストラテジー」『SNEジャーナル』第5巻1号、2000、258-271。

3) 加瀬進「「インテグレーション」概念の再検討」『SNEジャーナル』第2巻1号、1997、58-74。

4) 窪島務「特別なニーズ教育（SNE）から見た教育・学力問題―学習障害（LD）

をひとつの視点として」『SNEジャーナル』第5巻1号、2000、4-5。

5) 渡部昭男・窪島務「あるべき障害児教育改革の基本理念」科学的障害者教育研究会／藤本文朗・渡部昭男編『障害児教育とインテグレーション―明日の障害児教育像を探る』労働旬報社、1986、194-196。

6) 眞城知己『イギリスにおける特別な教育的ニーズに関する教育制度の特質』風間書房、2017、23。

7) 窪島務「SNEから日本の学校教育を考える」『SNEジャーナル』第1巻1号、1996、154。

8) 窪島務「Special Educational Needsとその社会的性格に関する考察―社会学的アプローチと教育的パースペクティヴの統合」『滋賀大学教育学部紀要（人文科学・社会科学・教育科学）』第44号、1994、105。

9) 清水貞夫「「特別なニーズ教育」とノンカテゴリーの教育システム」『SNEジャーナル』第25巻1号、2019、32-45。

10) 清水貞夫「特別支援教育からニーズ教育へ」『SNEジャーナル』第20巻1号、2014、68-69。

11) 越野和之「特別支援学級制度をめぐる問題と制度改革の論点」『障害者問題研究』第47巻1号、2019、10-17。

12) 森博俊「「特別ニーズ教育＝特別支援教育」と障害児教育」『「特別ニーズ教育」「特別支援教育」と障害児教育』群青社、32-33。

13) 木下孝司「障害児の指導を発達論から問い直す―要素主義的行動変容型指導を超えて」『障害者問題研究』第39巻2号、2011、18-25。

14) 越野和之「「特別支援教室」構想をめぐる審議経過とそのリアリティの検討」日本特別ニーズ教育学会（SNE学会）編『特別支援教育の争点』文理閣、2004、121。

15) 長谷川裕「学校教員の生活困難層に対するまなざし―その変化と変わり難さ」山田哲也監修／松田洋介／小澤浩明編著『低所得層家族の生活と教育戦略―収縮する日本型大衆社会の周縁に生きる』明石書店、2022、213。

16) ハンナ・アレント（志水速雄訳）『人間の条件』ちくま学芸文庫、1994、86。アレントの思想を参照しながら公教育としてのホームスクーリングについて論じている以下の文献に示唆を受けた。松下丈宏「ホームスクーリングと公教育」日本教育行政学会研究推進委員会企画／横井敏郎、滝沢潤、佐藤智子編著『公教育制度の変容と教育行政―多様化、市場化から教育機会保障の再構築に向けて』福村出版、2021、127-128。

17) 以下のような、特別支援学級や通級による指導の実践を念頭においている。「「ぼくたちのことをわかってください」―発信！特別支援学級から全校へ」「運動会の「困った」を話し合う」「さくら相談所「みんなで問題を解決します」」山下洋児・杉山敏夫・桜井佳子編著『子どもが育つ特別支援学級・通級の授業づくり―子どもの思いと教師の願いを紡いで』群青社、2019、262-266。

18）岩渕功一編著『多様性との対話―ダイバーシティ推進が見えなくするもの』青弓社、2021。

19）荒川智「特別ニーズ教育とインクルーシブ教育」髙橋智・加瀬進監修／日本特別ニーズ教育学会編『現代の特別ニーズ教育』文理閣、2020、31。

20）インクルージョンがもたらす格差・抑圧と特別ニーズ教育の関係は、人種格差問題における「カラーブラインド」・「カラーコンシャス」の議論とも重なり合う。中村雅子「人種格差社会アメリカにおける教育機会の平等―ポスト公民権運動期の黒人の教育権」宮寺晃夫編『再検討 教育機会の平等』岩波書店、2011、219-220。

21）マイノリティからみた「多文化共生」をめぐる状況は、障害者の「インクルージョン」にも該当する。リリアン・テルミ・ハタノ「在日ブラジル人を取り巻く「多文化共生」の諸問題」植田晃次＋山下仁編著『「共生」の内実―批判的社会言語学からの問いかけ』三元社、2006、55-56。

36　　　　　　　　SNEジャーナル，28(1)，2022，36－48

特　集

就学前期における特別ニーズ教育の課題と展望
―幼児教育・保育および療育と、保護者に対する子育て支援の動向から―

田中 謙

（日本大学文理学部教育学科）

　本研究は戦後日本における特別ニーズを有する就学前期の子どもを対象とする幼児教育・保育および療育と、保護者に対する子育て支援の動向を概観してその特質を示したうえで、就学前期における特別ニーズ教育の課題と展望について検討することを目的とする。

　結果として、幼児教育施設では保育理念からインクルージョン保育を志向していく施設経営が必要となること、エビデンスに基づいた療育実践や研究の蓄積が不十分であること、幼児教育施設と療育施設・事業所の複合化を推し進める政策形成推進等、併行通園システムの改善が必要なことを指摘した。

キーワード

就学前期　During the preschool years

幼児教育・保育　Early Childhood Education and Childcare

療育　Treatment and Education

子育て支援　Child-rearing Support

政策形成　Policy Making

Ⅰ. 問題の所在と研究目的

　本研究は戦後日本における特別ニーズを有する就学前期の子どもを対象とする幼児教育・保育および療育と、保護者に対する子育て支援の動向を概観してその特質を示したうえで、就学前期における特別ニーズ教育の課題と展望について検討することを目的とする。

　日本においては2000年代以降、特に障害を中心とする特別ニーズを有する就学前期の子どもを対象とする幼児教育・保育および療育はその制度が大きく変動してきている。教育領域では2007（平成19）年学校教育法改正による特殊教育から特別支援教育制度への改正により、「幼稚園や保育所における発達障害児」も「支援の対象」にとらえ（渡邉他，2009, 33）、特別支援教育コーディネーターの指名や園内委員会の設置等園内支援体制整備を推し進める政策がとられてきた。福祉領域では、保育所における障害児保育事業が、2003（平成15）年4月から一般財源化され地方交付税により措置されるようになり、2007（平成19）年4月から地方交付税の算定対象が「特別児童扶養手当対象児童」から「軽度の障害のある児童」へと拡充も図られた。この制度改正は基礎自治体独自での事業デザインを可能にする等の裁量拡大の側面と、「地域の格差」を生じさせる等の国−地方間の財政移転の側面があるとされている。また2011（平成23）年障害者基本法改正により療育に関する条項が規定され、翌2012（平成24）年児童福祉法改正では、福祉型／医療型児童発達支援センターへの移行や障害児施設再編が行われ、障害児通所支援事業等の再編・創出がなされた（是枝，2022, 330）。

　このような2000年代以降の動きは戦後〜1990年代までの制度整備の改変で生じたものであり、2000年代以降の動きが現行制度に通じていることから、本研究では今後の課題と展望を論じるため、戦後から1990年代までの歴史的動向を検討し、本研究の目的を達することとしたい。なお特別ニーズを有する就学前期の子どものうち、例えば聴覚障害は戦前の聾（唖）学校予科での実践等を継承し、戦後幼稚部の設置や乳幼児教育相談体制を早くから整備してきた。その中で本研究では知的障害、肢体不自由のある子どもを中心に論じ、そ

れ以外の特別ニーズに関しては、適宜必要に応じて言及することとする。以下、本研究では就学前期の子どもの特別ニーズの特質について整理したうえで、特に戦後から1990年代までの動向を整理し、その上で今後の特別ニーズ教育の課題と展望について示すこととする。

Ⅱ．就学前期の子どもの特別ニーズの特質

　特別ニーズ教育における特別な教育的ニーズに関しては、今日の教育学界においても明確な定義は存在しないと考えられる。それは特別支援教育の「教育的なニーズ」に関して「文部科学省の通知や答申・報告書等で明確に定義している部分はない」とされていること、「特別ニーズ教育」の「定義、理念、概念」が「必ずしも十分な共通理解はできていなかった」（荒川，2019, 1）と指摘されていることにも表れている（横尾，2008, 132）。公的な定義がないことが高倉（2015）、尾上・辻（2016）等複数の研究で課題として指摘されるため、例えば高倉（2015）では2007（平成19）年「特別支援教育の推進について（通知）」における「特別支援教育の理念」から「国際的な観点」による「子ども一人一人の『特別な教育的支援の必要性』と見るべき」という視座の提示がなされている状況にある。

　その中で髙橋（2004）は特別な教育的ニーズを「通常の教育的配慮に付加して特別な教育課程、教育施設・設備、専門教職員配置、教材・教具等を必要とするニーズ」と示している（髙橋，2004, 96）。就学前期の子どもを対象とする幼稚園、保育所、幼保連携型認定こども園等幼児教育施設での特別支援教育（特別支援）においても、基本的には特別な教育的ニーズは髙橋（2004）の指摘からは大きくずれないものと考えられる。しかしながら幼児教育・保育はその前提となる、幼児教育施設、家庭、地域社会での生活の保障が不可欠となる。

　幼児教育・保育は2005（平成17）年1月28日文部科学省中央教育審議会「子どもを取り巻く環境の変化を踏まえた今後の幼児教育の方向性（答申）」の中で、「幼児が生活するすべての場において行われる教育を総称したもの」とされ、「幼稚園における教育、保育所等における教育、家庭における教育、地域

社会における教育を含み得る、広がりを持った概念」であるとされている。そ
のため、小学校以降の学校教育よりも幼児教育の範囲は広く、就学前期の子ど
ものニーズをとらえるには、西（2018）が「心配や不安なことがなく、幸せに
生活できている主観的な感覚や状態を表した概念」とする「ウェルビーイン
グ」を達するため（西，2018，144）、「ウェルビーイングニーズ」（呉，2021，
44）をとらえる視座が不可欠となる。

　この生活における「ウェルビーイングニーズ」を保障した上で、就学前期に
おいては幼児教育施設での集団生活の保障が必要となる。今日の幼児教育・保
育は保育内容の考え方の端緒をきりひらいたとされる生活を基盤とするという
倉橋（1934）の保育理論に根差しており[1]、特に「小学校就学前の幼児に対し
て、家庭だけでは得がたい集団生活の体験を与えること」が、「幼児のさまざ
まな発達に対して大切である」とされる[2]。阿部他（2019）も今日の乳幼児教
育における特別支援教育の推進の中で「障害のある子どもの教育及び保育を進
める」上では、幼稚園教育要領、保育所保育指針、幼保連携型認定こども園教
育・保育要領のいずれも共通して「集団の中で教育・保育を行うこと」を必要
としていると指摘する（阿部他，2019，45）。この前提の下、幼児教育・保育は
遊びを通して指導を行うため、遊びが「中心的な地位を占め」ることとなる
（戸田，2016，65）。これらの指摘から明らかなように、幼児教育においては幼
稚園等における集団での生活に関するニーズを保障し、その上で、髙橋
（2004）が唱える特別な教育的ニーズを遊びを通して保障していくこととなる
と考えられる。そのため、根底として幼児教育施設における集団での遊びを通
した幼児教育・保育を受けるニーズを保障することが、就学前期の子どもの特
別ニーズを考える前提条件となる。

　また、就学前期の子どもの特別ニーズは当事者である子ども自身が有して示
される特別ニーズと、保護者の有する特別ニーズとが密接に連関し合っている
特質を有する。例えば、幼児教育施設と特別支援学校幼稚部や児童発達支援セ
ンター・児童発達支援事業所（以下、センター・事業等）等のいずれを就園先
として選択するかという場合、第一義的には子ども自身の特別ニーズに基づく
選択がなされるものであるが、別府（2017）が指摘するように子どもが自分自
身のニーズを自覚することには困難さがあり、特に認知発達の途上にある乳幼

児は自覚可能なニーズが限られる傾向にある。そのため、実質的には保護者が子どもの特別ニーズを代替して表明し、就園先選択がなされる事例が多い。また、保護者自身が有する特別ニーズが、大別して子どものケアに関する特別ニーズと保護者自身へのケアに関する特別ニーズとで構成されているため[3]、子どもと保護者がそれぞれ有する特別ニーズが不可分な関係性にある。換言すれば子育て支援に関する特別ニーズを有する当事者は保護者となるため、子どもの有する特別な教育的ニーズと保護者の有する子育て支援ニーズを一体的にとらえて、就園先選択等の行動を行うことが求められる場合が生じるのである。

　この保護者の有する特別ニーズという視座は、特別ニーズ教育における窪島（2000）の指摘する「福祉的ニーズ」の「地域での育児援助」につながるものである。従って、就学前期の子どもの特別ニーズは保護者の有する特別ニーズと不可分であること、特に子育て支援に係る特別ニーズと共に保障していくことが求められるのである。

　このような就学前期の子どもの特別ニーズは、義務教育制度とは異なる幼児教育・保育および療育、子育て支援に係る複合的な制度の中での対応が求められる特別ニーズであるため、その特質や特別ニーズへの対応は義務教育段階以降とは異なる文脈での理解が求められる。しかしながら、就学前期の子どもの特別ニーズに関する研究はほぼ未着手の状態であり、今後の特別ニーズ教育の抱える研究課題であるといえる。そのため、本研究で戦後から1990年代までの幼児教育・保育および療育制度整備の動向の中でとらえる就学前期の子どもの特別ニーズは、保護者が有する特別ニーズと一体的にとらえ、分析することとする。

Ⅲ．戦後から1990年代までの幼児教育・保育および療育制度整備の動向

　戦後から1990年代までの幼児教育・保育および療育制度整備の動向の中で、各制度が就学前期の子どもの特別ニーズに対応してどのような対応・保障に取組んできたのか、その営為を幼児教育・保育制度と療育制度の双方から概括的

にとらえる。しかしながら、後述の鷹ケ峰保育園「特殊保育部」が1960（昭和35）年に「ひなどり学園」へと改組され、後に精神薄弱児通園施設認可を受けた事例に示されるように、幼児教育・保育制度と療育制度は二分され整備・発展されたわけではなく、相関的であった点には留意が必要である。

　戦後日本の幼児教育・保育における特別ニーズに関しては、幼稚園、保育所の中で障害児保育事業として制度上対応してきた歴史を有する。1950年代には社会福祉法人白川学園鷹ケ峰保育園で、1954（昭和29）年に保育所内に定員30名の「特殊保育部」設置を京都市に申請し、翌1955（昭和30）年度から「覚書」に基づき障害児保育事業を行った（田中，2017，18）。1960年代にも1962（昭和37）年に福岡県北九州市で「発達遅滞幼児のみを受け入れる幼稚園」の「いずみの園」、1969（昭和44）年に北海道札幌市で「障害児学級を設置し19名が在籍した「浄恩幼稚園」や（柴崎，1997，75-76）、1968（昭和43）年から東京都葛飾区で「6畳一間の保育室で障害幼児6名、専任教師1名による障害児保育実践」を行う「つぼみ組」を設置した「葛飾こどもの園幼稚園」の取り組み等が知られている（田中，2013，24）。1960年代後半には「多くの幼稚園において障害幼児が受け入れられるようになり、1980（昭和55）年の文部省の調査では全国の幼稚園の35％が障害幼児を受け入れていた」との指摘もされている（柴崎，1997，76）。この時期は障害児の受け入れを行う施設が限られていたため、障害のある子どもを障害のない子どもの集団へ受け入れていく「統合保育」形態や、複数の障害児を受入れ障害児の集団で保育実践を行う「特殊学級」的な形態が模索されていた。

　その後1970〜1980年代にかけ、厚生省「障害児保育事業の実施について」（1974（昭和49）年12月13日児発第772号厚生省児童家庭局長通知）、「保育所における障害児の受け入れについて」（1978（昭和53）年6月22日児発第364号厚生省児童家庭局長通知）、「保育所における障害児の受入について」（1980（昭和55）年2月22日児発第92号厚生省児童家庭局長通知）に基づく保育所での障害児保育事業が整備され、全国的に幼児教育・保育を受けるニーズを保障する制度基盤が構築されていくこととなる。

　また、滋賀県大津市では「乳幼児健診大津・1974年方式」「障害乳幼児対策・大津方式1975年」等の「大津方式」という幼児教育・保育、保健制度連携に

よる領域横断的な地域支援体制整備を実現した（稲沢，1981）。この「大津方式」は大津市の制作した広報映画「保育元年」「続保育元年」「続々保育元年」を通じて全国的に知られており、その先進性は今日なお高く評価されている（末次，2011，176）。つまり、戦後1950〜1960年代には特に私立幼稚園、保育所を中心に、障害幼児の幼児教育・保育を受ける権利という特別ニーズを保障する試みがなされ、1970年代に保育所における障害児保育事業に基づく制度整備が進められ、1980年代以降幼稚園、保育所でのニーズ保障が全国的に広がっていったと解することができる。また、先進的に受け入れを推し進めてきた園単位、点での対応・保障が、制度整備による受け入れ施設の増加により線で結ばれ、ネットワーク化していった経緯も確認できる。

　療育制度下での特別ニーズに関しては、主に通園施設・通園事業の中で制度上対応してきた歴史を有する。現在のセンター・事業につながる旧精神薄弱児通園施設（知的障害児通園施設）、肢体不自由児通園施設、難聴幼児通園施設のいわゆる「3通園」に関しては、1970〜1980年代にかけ、養護学校義務制（1979（昭和54）年施行等の影響を受け「幼児施設化」が進行し、特に精神薄弱児通園施設は「1970〜80年代以降障害児支援の系譜の中で幼児支援機関として大きな役割を果たしてきた」とされている（田中，2015a，416-417）。また1972（昭和47）年厚生省児童家庭局長通知による心身障害児通園事業や自治体が心身障害児通園事業に類した事業として行う「類似事業」は、「地域の特性に密着した形で障害児の早期療育に取り組みことができ」る等の特徴により「多くの地域で実践に移され、社会的資源の拡大を促進し」たと評価され、「地域療育の拠点」として機能してきた（柚木，1997，152）。

　例えば1971（昭和46）年東京都立江東児童学園に「幼児部門」が設置された事例や（田中，2015a，420）、1968年（昭和43年）「全国的に初めてとなる3〜5歳児幼児だけの障害児」を対象とした神戸市立ひまわり学園が知られている（塩津，2020，29）。また、心身障害児通園事業や類似事業が元々障害児をもつ保護者や支援関係者が、幼稚園、保育所への就園が困難な中で、子どもの特別ニーズと保護者の子育て支援ニーズの双方に対応するため自らの手で創設した「幼児グループ」を源流とするものも少なくない（田中・渡邉，2011）。

　幼児グループの1つである東京都武蔵村山市「ちいろば学園」は、幼児教育

を基盤とする実践を行う等（田中，2015b, 72-73）、幼稚園等での受け入れを代替的に保障するような特別ニーズへの対応を図った通園事業である。しかしながら、1980年代以降通園施設・通園事業は、知的障害児に対するポーテージ・プログラム、モンテッソーリ法、また肢体不自由児、特に脳性麻痺、に対するボイタ法やボバース法等、機能改善等を目的とする療法による支援を行う施設・事業が複数あり、「障害の克服」等を標榜して教育的ニーズのみならず、機能障害（Impairment）に係る特別ニーズへの対応・保障に力を入れてきた経緯を有している。

　そのため、療育制度整備の過程では、1970年代頃までは幼稚園、保育所での特別ニーズへの対応と未分化な性格が強かったと推測されるが、1980年代以降障害児保育事業が広まる中で機能障害（Impairment）に係る特別ニーズへの対応・保障に性格付けがなされていったものと考えられる。鯨岡（2009）1970年代中頃、「国としても保育所における障害児保育を念頭に入れておい」た上で、「心身障害児通園事業は障害の重い幼児を、保育所では障害の軽い子どもの保育を担う場所として想定」をし、「障害程度に応じた保育を地域のなかで展開することを考えていた」と指摘しており、先述の整備過程と重なる（鯨岡，2009, 178）。

　その一方で国の「機能分担」的な政策方針と異なり、特に保護者の特別ニーズは、1980年代から幼稚園、保育所、そして通園施設・通園事業の双方を利用したいという特別ニーズ、機能障害（Impairment）に係る特別ニーズの高まりが社会の中で顕在化していく。この特別ニーズの高まりは、旧厚生省の政策方針を1990年代にそのニーズに対応するための併行通園制度整備の動きへと向けていくことになる。1998（平成10）年に「障害児通園施設の相互利用制度について」（8月11日障第477号厚生省大臣官房障害保健福祉部長通知）、「障害児通園施設の相互利用制度の取扱いについて」（8月11日障障第39号厚生省大臣官房障害保健福祉部障害福祉課長通知）、「保育所に入所している障害をもつ児童の専門的な治療・訓練を障害児通園施設で実施する場合の取扱いについて」（11月30日児保31号厚労省障害保健福祉部障害福祉課長・児童家庭局保育課長連名通知）が示されたことにより、幼稚園、保育所と通園施設・通園事業両方の利用が可能となった。つまり、幼児教育施設における集団での遊

びを通した幼児教育・保育を受けるニーズと、機能障害（Impairment）に係る特別ニーズが、併行通園制度の確立により対応・保障されるように舵が切られたのである。

　なお、補足として幼児グループに関しては、こぐま園編（1979）のように東京都や横浜市内で心臓病児をもつ子どもの保護者達により自主グループが創設されている。しかしながら現状においても心臓病児の幼稚園等への就園が難しく、支援事業所として機能している（田中・小林，2019）。特別ニーズの種類によっては、今なお幼児グループが発展した支援事業が幼稚園等への就園に関するニーズの代替的機能を担っていることも看過できない。

Ⅳ．幼児教育・保育および療育制度整備の過程から考える　　特別ニーズ教育の課題と展望

　上述のような経緯を経て幼児教育・保育および療育制度、子育て支援制度は現状運用されているものの、その課題は少なくない。以下、列挙する形で指摘することとする。

　まず今日の幼児教育施設では「インテグレーション（統合）からインクルージョン（包摂）への変革」が進み（髙橋，2019, 43）、インクルージョン保育（インクルーシブ保育）が「急速に進んでいる」状況にある（守・若月，2021, 29）。これは統合保育が「空間的な意味で場を共にする方法」で「すでにある健常児集団を前提とした方法」であるのに対して（浜谷，2014, 178）、「同質性ではなく多様性を前提とし、多様性を価値とし、子ども一人一人（支援児だけでなく、どの子どもも）の多様性がいきる保育を創造するもの」である（浜谷，2018, 13）。このような多様性を活かした保育はダイバーシティ保育としての性格を有し、その実践の充実が求められている。インクルージョン保育はその多様性を活かした保育実践をデザインするため、保育者主導ではなく、子ども主体の保育デザインが求められる。それは松本（2017）が示す保育時間を「探索・探究の時間」と捉え、子どもが何をして遊びたいたいのかを子どもたち自身で考えてデザインし、実践していく「まちの保育園」実践と共通するものである。しかしながら、子ども主体の保育デザインを保育の柱として実践す

る幼児教育施設はまだ少なく、保育理念からインクルージョン保育を志向していく施設経営が必要となる。さらに幼児教育施設では保護者支援、子育て支援に関する専門性の確保が困難であるという経営課題も有しており、行政による制度整備・支援政策も求められる。

　次に今日では幼稚園等と療育機関の双方を利用する併行通園を行う児童が増加する中で[4]、療育内容も言語療法、理学療法、作業療法や音楽療法、摂食指導、SST等多様な取り組みがなされている（堂山他，2019, 76）。またそのアプローチもスヌーズレンや遊戯療法、水泳療法等多様である。しかしながら、その急速な増加や多様なアプローチに関して、その支援の質をどのように担保するのかが課題となっている。今後療育の質を高めていくには「高いエビデンスレベルに支持された療育を創出していく」ことが不可欠となる（小林・儀間・北原，2020, 8）。近年では瀧澤・田中・工藤（2022）のシェルボーン・ムーブメント（SDM）のようにエビデンスに基づいた療法の確立を目指す研究も見られるものの、まだ、研究成果や実践の蓄積が十分とは言い難い。

　さらに併行通園に関しては、「併行通園先との併行通園児についての共通理解」「保護者の就労あるいは併行通園を望む気持ちが、子どもの発達状況より優先されがちなこと」等の課題があるとされている（大熊，2016, 79）。これらの課題は幼児教育施設とセンター・事業等の物理的距離から生じている可能性が推測される。このような課題に対して、例えば山中他（2014）では島根県松江市の市立幼稚園に併設された教育相談と「通級による指導」に類する支援事業を行う特別支援幼児教室の事業事例が、田中・大森・小川（2021）では保育所と児童発達支援事業所の複合施設での支援事例が報告されている。このような施設・事業の複合化を推し進める政策形成推進等、併行通園システムの改善も今後の検討課題である。

　特別ニーズを有する就学前期の子どもの支援に関しては、戦後から現在に至るまで着実に支援体制整備は進められているものの、特別ニーズへの対応・保障の観点からは政策形成が十分とはいえず、制度整備の不十分さも否めない。これらの課題に特別ニーズ教育研究がいかに貢献できるかが、今日問われているといえる。

注

1) 保育要領から倉橋の保育理論が通底していることは森上（1993）等で指摘されている。

2) 1971（昭和46）年6月11日中央教育審議会答申「今後における学校教育の総合的な拡充整備のための基本的施策について（答申）」。

3) ここでは当事者、保護者の有する特別ニーズに焦点を絞って論じることとする。

4) 厚生労働省障害児通所支援の在り方に関する検討会第2回（R3.7.5）参考資料4「障害児通所支援の現状等について」。

謝辞・付記

　本研究は JSPS 科研費 20K02655（研究代表者：瀧澤聡）の助成を受けたものである。

引用・参考文献

阿部敬信・木舩憲幸・阪木啓二・沖本悠生・井上佳奈（2019）「乳幼児教育における特別支援教育の推進―特別支援教育から、インクルーシブ教育システムの構築へ向けて―」『人間科学』1, 38-48.

荒川智（2019）「改めて『特別ニーズ教育』とは何か」『SNE ジャーナル』25, 1-3.

堂山亞希・橋本創一・枡千晶・渕上真裕美（2019）「児童発達支援センターの障害児療育の現況に関する調査研究」『東京学芸大学教育実践研究支援センター紀要』15, 73-78.

浜谷直人（2014）「インクルーシブ保育と子どもの参加を支援する巡回相談」『障害者問題研究』42(3), 178-185.

浜谷直人（2018）「統合保育からインクルーシブ保育の時代へ―今日の保育実践の課題―」『人文学報教育学』53, 1-45.

稲沢潤子（1981）『涙より美しいもの―大津方式にみる障害児の発達―』大月書店.

窪島務（2000）「特別なニーズ教育（SNE）から見た教育・学力問題―学習障害（LD）をひとつの視点として―」『SNE ジャーナル』5(1), 3-17.

鯨岡峻（2009）『障害児保育』ミネルヴァ書房.

呉文慧（2021）「我が国の特別支援教育や特別ニーズ教育において『教育的ニーズ』概念はどのように議論されてきたか―英国の動向に位置付けて―」『神戸大学大学院人間発達環境学研究科研究紀要』14(2), 41-48.

小林勝年・儀間裕貴・北原佶（2020）「エビデンスに基づく療育・支援とは何か」『子どものこころと脳の発達』11(1), 3-10.

こぐま園編（1979）『心臓病の子どもの集い―こぐま園・六年の歩み―』.

是枝喜代治（2022）「質的調査を通した今後の児童発達支援センターの役割と方向性」『ライフデザイン学研究』17, 329-347.

松本理寿輝（2017）『まちの保育園を知っていますか』小学館.

守巧・若月芳浩 (2021)「中堅教諭・熟練教諭が捉えるインクルーシブ保育について―フォーカスグループインタビューの調査から―」『こども教育宝仙大学紀要』12, 29-36.

森上史朗 (1993)『子どもに生きた人・倉橋惣三―その生涯・思想・保育・教育―』フレーベル館.

西徳宏 (2018)「日本の教育効果研究の再検討―ウェルビーイングの視点による探索的研究―」『未来共生学』5, 141-170.

尾上雅信・辻早紀 (2016)「Special Needs Education 概念に関する一考察―ウォーノック報告の検討を中心に―」『岡山大学大学院教育学研究科研究集録』162, 1-14.

大熊光穂 (2016)「障害のある幼児の療育と保育の併用に関する一考察―療育施設への質問紙調査から―」聖徳大学『研究紀要』27, 75-79.

柴崎正行 (1997)「早期教育」日本精神薄弱者福祉連盟編『発達障害白書戦後 50 年史』73-77.

指導誌編集委員会編 (1960)「精神薄弱者対策促進強化について」全国精神薄弱児育成会『手をつなぐ親たち』53, 30-35.

塩津恵理子 (2020)「神戸の障害児保育」『神戸親和女子大学児童教育学研究』39, 29-31.

末次有加 (2011)「戦後日本における障害児保育の展開―1950 年代から 1970 年代を中心に―」『大阪大学教育学年報』16, 173-180.

髙橋智 (2004)「『特別ニーズ教育』という問い―通常の教育と障害児教育における『対話と協働』の可能性―」日本教育学会『教育学研究』71(1), 95-103.

高橋沙希 (2019)「インクルーシブ保育に関する研究動向」『東京大学大学院教育学研究科附属バリアフリー教育開発研究センター活動報告』5, 43-49.

高倉誠一 (2015)「『特別支援教育の理念』の解釈に関する考察―『特別な教育的ニーズ』概念の検討をもとに―」『植草学園短期大学紀要』16, 39-45.

瀧澤聡・田中謙・工藤ゆかり (2022)「幼児・児童の運動指導評価における科学性確保にむけた検証―『シェルボーン・ムーブメント (SDM) 事例研究法』モデルを通して―」『北翔大学生涯スポーツ学部研究紀要』13, 13-25.

田中謙・渡邉健治 (2011)「戦後日本の障害幼児支援に関する歴史的研究―1950 年代~1970 年代前半の幼児グループの役割を中心に―」『SNE ジャーナル』17(1), 105-128.

田中謙 (2013)「日本における障害児保育に関する歴史的研究―1960 ～ 70 年代の『園内支援体制』に焦点を当てて―」『保育学研究』51(3), 307-317.

田中謙 (2015a)「東京都における『精神薄弱児通園施設』の展開過程」『日本家政学会誌』66(8), 416-427.

田中謙 (2015b)「戦後日本の通園事業における障害幼児支援の特質―1970 年代の武蔵村山市『ちいろば学園』を事例に―」『教育経営研究』1, 67-75.

田中謙 (2017)「障害児保育の歴史的変遷」小川英彦編『基礎から学ぶ障害児保育』ミネルヴァ書房.

田中謙・小林香織 (2019)「病弱児支援の現状と課題―心疾患の病弱児を中心に―」『山梨県立大学人間福祉学部紀要』14, 1-12.

田中謙・大森桜・小川英彦 (2021)「幼小接続システムにおける特別な支援ニーズを有する子どもに対する支援体制整備―愛知県阿久比町『幼保小中一貫プロジェクト』事例分析―」『特別支援教育実践研究』(1), 63-78.

戸田雅美 (2016)「遊び」日本保育学会『保育学講座 3 保育のいとなみ―子ども理解と内容・方法』東京大学出版会, 65-84.

山中達也・古屋祥子・多田幸子・田中謙 (2014)「平成 26 年度山梨県立大学人間福祉学部地域志向教育改革推進加速化事業」報告書.

柚木馥 (1997)「心身障害児通園事業施設の位置づけとその問題」『岐阜大学教育学部研究報告　人文科学』46(1), 143-170.

横尾俊 (2008)「我が国の特別な支援を必要とする子どもの教育的ニーズについての考察―英国の教育制度における「特別な教育的ニーズ」の視点から―」『国立特別支援教育総合研究所研究紀要』35, 123-136.

SNE ジャーナル, 28(1), 2022, 49 - 62

特　集

重症心身障害を有する子どもの
特別ニーズとは何か
―その把握・理解と支援―

渡邉 流理也
（新潟大学教育学部）

　重症心身障害児のニーズの把握や理解とその支援について、本稿では研究報告や筆者の体験から3つの視点から整理し述べた。1つ目の視点としては、重症児本人から生ずるニーズである。重症心身障害児は障害のため応答が微弱であり、特にコミュニケーションに困難をもつことが多い。乳児期から幼児期とその後の教育や療育における、コミュニケーション機能に関する実態把握や支援の困難さを中心に整理した。2つ目は、重症心身障害児の家族と関連して生じるニーズである。重症心身障害児は、生活全般にわたって介護が必要となるため、その介護をする家族の健康状態や生活状況と密接な関連があり、特に在宅生活が安定するまでの困難さに注目して整理した。3つ目は、重症心身障害児とその地域生活支援である。重症心身障害児への福祉や医療からの支援は整備されつつある。ここでは、児の成長や家族の生活状況といった予期せぬ生活環境の変化へも支援を中心について課題を整理した。

キーワード

重症心身障害児　children with severe motor and intellectual disabilities
養育者と家族　caregivers and families
療育と教育　rehabilitation and education
地域生活支援　community life support

Ⅰ．はじめに

　重症心身障害は、1967年児童福祉法改正において「重症心身障害児施設は、重度の精神薄弱及び重度の肢体不自由が重複している児童を入所させ、これを保護するとともに、治療および日常生活の指導をすることを目的とする施設とする」と示され、「重症心身障害児（以下、重症児と示す）」はその施設に入所している児童とされていた。しかし、2013年の障害者自立支援法（つなぎ法）のもと、2012年4月から重症児施設は廃止され、児童福祉法のもと医療型児童発達支援事業所として、障害者自立支援法のもと療養介護事業所となったため、施設名称から重症心身障害児の名は消えたが、入所者の障害名として重症心身障害は残っている。

　また重症心身障害の基準については、東京都府中療育センター副所長であった大島一良に作成された大島分類（大島、1971）があるが、近年では、新生児医療や救急救命技術の進歩によって、従前では生命の危険が及ぶような子どもたちが濃厚な医学的支援により日常生活を送ることができるようになってきており、医療介護度合が高く従来の重症児の概念では対応のできないグループとして超重症児の概念も提起された（鈴木、2015）。このように社会的背景の変化に伴い、医療ニーズが加わるといった重症児の実態も多様に変化してきているが、地域にいる重症児・者の実態を把握する調査は十分には行われてこなかった。しかし、平成28年6月に、地方公共団体に人工呼吸器を装着している障害児その他の日常生活を営むために医療を要する状態にある障害児の支援に関する保健、医療、障害福祉、保育、教育などの連携の推進を図るよう努めることを主旨とする、「障害者の日常生活及び社会生活を総合的に支援するための法律及び児童福祉法の一部を改正する法律」（厚生労働省）が公布されたことをきっかけに、医療的ケア児の調査については各自治体で行われるようになった。また近年では重症児・者の実態の詳細な調査も行われてきており、岐阜県健康福祉部地域医療推進課障がい児者医療推進室による在宅生活をしている重症児・者の生活実態や支援ニーズを目的とした調査（2016）や、千葉県の重症児者の実態調査（石井、2020）など、地域を限定し生活実態の詳細な調査

が実施されてきている。

　これら重症児者の実態調査では、重症児者本人の発達や障害様相、合併症などの他、介護者の実態、福祉サービスや医療サービスの利用状況といった地域資源の活用が調査内容として主に設定されており、重症児本人だけでなく本人を取り巻く環境を含めて調査がされている。これに関連して、千葉（2021）は重症児とその家族の地域生活を継続するサービスや社会的資源について検討しており、その中で「生活の現状をみても、重症児と母親の分離を想定することは非現実的であり、その双方をいかに支援するかが今後のサポート体制には重要」と述べている。さらに、令和3年6月18日に「医療的ケア児及びその家族に対する支援に関する法律」（厚生労働省）が公布されたが、この法の目的を見ても、医療的ケア児の健やかな成長を図るとともに、その家族の離職の防止とされ、子どものニーズは、子ども本人から生じるニーズだけではなく、養育者とも関連しており、またその生活を支える地域資源の活用などの要因も関連している。それらを踏まえ、本稿においては、重症児のニーズについて、重症児本人から生ずるニーズ、養育者との関係から捉えられるニーズ、地域資源に関係した要因から生じるニーズに整理し分けて検討する。また筆者は、染色体異常である13トリソミーで人工呼吸器を必要とする超重症児の主介護者として養育に携わった経験があり、その経験も交え述べていきたい。なお、本稿のテーマは重症児のニーズとなっているが、近年増加してきている超重症児のニーズも含めている。

Ⅱ．乳幼児期及び就学期における重症児本人より生ずるニーズ

　重症児は、その障害の発生時期は約70％と主に周産期に生じ（三上、2008）、退院後在宅生活においても、生命の維持、健康の安定への医療的支援が中心となることが多い。一方、在宅生活が安定していき療育に通うようになり、就学を迎えると発達や教育的支援を多く受けるようになる。ここでは、NICUやPICUから在宅生活へ移行していく乳児期から幼児期におけるニーズと、就学の前後の療育や教育におけるニーズについて述べていく。

1. 乳児期から幼児期に生じるニーズ

　菊地ら（2016）は就学前の超重症児の生活実態について、国立病院機構病院や医療型福祉施設を対象に調査を実施している。調査の結果、療育がなされる急性期ではない後方支援となる病院機構や医療型児童発達支援事業所おいては、0歳〜1歳児の入院・入所が少なく、多くはNICU・PICUに入院していることと推測している。PICUにおける重症児の課題については齊藤（2017）が報告しておりその中で、「一瞬の介入が生死を分かつPICUでは、重症心身障害児やその家族の背景を洞察し、長期にわたるアウトカムを推し量る余裕はない」と述べており出産後から乳児期にわたって、医療的サポートは児の生命や健康の維持への対応が中心となっており、重症児本人や家族のニーズへの対応がなされにくいことが伺える。したがって、医療的サポートが中心となることから、発達支援の視点を含んだ養育に関する情報を家族が入手することが難しく、乳児期の発達の基盤が形成される大事な時期の発達保障への困難につながっている。この点について、筆者が保育者だった時の経験を述べると、筆者の子どもは出産後10か月ほどNICUで入院生活していたが、在宅生活へ向けた治療や健康管理が中心となり、退院の時期が近くになってからPTによるリハビリを受けるなど発達支援の取り組みが始まった。これは筆者が退院近くまで発達への関心がなかったわけではなく、例えば聴覚機能についてABR（聴性脳幹反応）の検査をしたり、経管栄養で食事を摂取していたため、口腔内への刺激や味覚への刺激のために綿棒で母乳を与えるなども行ったが、面会時間が短かったことや抱っこ以外の子育ての関わりがもてなかったこと、そしてそれら発達を促すために必要な子どもの情報の入手が難しかったことなどが重なり、振り返ってみるとそれらが発達支援への優先度を低くしている一つの要因であったように思う。その一方で、日々の体調の不安定さや先の見えない不安も少なくはなく、精神的余裕がなかったことも発達支援に関する取り組みへの消極性を生み出していたことも思い出された。

　その他、乳幼児期の重症児・超重症児の困難については、菊地ら（2016）は、生命活動がきわめて脆弱であるがゆえに、体調をきたしやすく、日常生活においては家族や医療関係者など、限られた人間関係の中で生活していることが多いことから、居住する地域の幼稚園や保育所に通うことなど不可能に近

く、就学直前まで超重症児についての情報が小学校や教育委員会、就学指導委員会に伝わりにくいと述べており、就学への適切な移行支援にも課題を抱えやすいことが指摘できる。これに加え、重症児・超重症児においては同様の生活状況にある家庭が居住地域周辺にいることは稀であり、就学前においては養育者同士の情報交換のしにくさも就学への移行支援の難しさにつながっていると考えられ、重症児やその家族が地域の中で見えにくくならないような地域支援の整備が望まれる。

2. 教育・療育におけるニーズ

　次に就学期を中心に、教育及び療育における重症児のニーズについて述べていく。重症児または超重症児の教育や療育については、今までも研究レビューで課題が指摘されてきている（細渕、2004；菊池、2005；岡澤、2012；野崎ら、2013；大江、2014）。ここではそれらの報告を基に、重症児及び超重症児の教育的支援・発達的支援を行う際に生じる困難について整理し述べていく。

　野崎ら（2013）は、全国の肢体不自由特別支援学校と病弱特別支援学校に在籍している超重症児該当児童生徒の教育実態に関する調査を実施している。この報告では、調査対象校に在籍する超重症児該当児童生徒に対して具体的な指導の実際の回答を求めており、**表1**のように、「昏睡状態、あるいは睡眠と覚醒の区分が困難」であるA群、「睡眠と覚醒の区別は可能であるが、意識的な反応は見られない」であるB群、「刺激に対する意識的な反応は見られるが、双方向的なコミュニケーションは難しい」であるC群、「何らかの手段（動作、表情、支援機器の利用等）での双方向的なコミュニケーションが成立している」であるD群と4つの群に分け、担任教師が着目している対象児の変化・行動について示している。この結果から、野崎らは各群において教師が着目する身体の変化や行動が異なっているが、それらは彼らの随意性が明確であると思われる動きに注目していることを指摘している。一方、睡眠と覚醒の区別がつきにくいA群では「開瞼」「表情の変化」がほとんど選択されておらず身体部位の観察だけでは指導の手がかりがあまり得られないことから「生理学的指標」が特に多く選択されていたことも推察している。この野崎ら（2013）の報告は、超重症児を対象としたものであるが、医療的ケアから生じるニーズの違

表1　着目している対象児の変化・行動

項目	選択	各群および全体における件数の内訳					df	χ^2検定値
		A群 (*n*=31)	B群 (*n*=55)	C群 (*n*=109)	D群 (*n*=83)	全体 (*N*=278)		
動き／静止	あり	27	50	101	72	250	3	2.16
	なし	4	5	8	11	28		
開　瞼	あり	**5**	**26**	41	25	97	3	9.70*
	なし	**26**	**29**	68	58	181		
筋緊張の低減	あり	13	32	59	37	141	3	3.94
	なし	18	23	50	46	137		
表情の変化	あり	**6**	**35**	**94**	**76**	211	3	76.21***
	なし	**25**	**20**	**15**	**7**	67		
注視・追視等	あり	**1**	**10**	45	**57**	113	3	56.54***
	なし	**30**	**45**	64	**26**	165		
呼吸の変化	あり	9	27	58	46	140	3	6.88
	なし	22	28	51	37	138		
把握・操作	あり	**0**	**2**	17	**34**	53	3	42.43***
	なし	**31**	**53**	92	**49**	225		
拒　否	あり	9	24	39	32	104	3	2.01
	なし	22	31	70	51	174		
生理学的指標	あり	**27**	40	68	52	187	3	8.26*
	なし	**4**	15	41	31	91		

*p＜.05, ***p＜.004. 太字は残差分析で有意な偏りが認められた箇所を示す（有意水準は5%）.

（野崎ら（2013）超重症児該当児童生徒に対する教育の実態に関する調査研究─肢体不自由・病弱特別支援学校における指導の実際─. 特殊教育学研究, 51(2), 115-124. より引用）

いはあるものの、脳機能障害から生じる覚醒や健康状態、知的障害や肢体不自由といった状態を重症児も併せ持つため、この報告における指導実態は重症児においても同様と考える。したがって、重症児や超重症児と一口にいっても、状態は様々であり、彼らのニーズへの教育的対応が非常に難しいことが言えるであろう。また重症児や超重症児においては障害そのものから生じてくるニーズだけでなく、その障害によって強いられる生活経験によってもニーズが生じてくる。菊地ら（2016）の報告では、療育の受けられる病院や医療型児童発達支援事業所に入院・入所している、超重症児はベッド上で療育を受けているこ

とが多く、医療型児童発達支援事業所に通所している超重症児の多くはベッド外で療育を受けていたことを明らかにしている。これは病院や施設に入院・入所している場合は、ベッド上での療育の実施といった活動場所の制限があるだけでなく、空間移動がほとんどない生活のために、生活経験の著しい乏しい状態に置かれていることが推測される。また川住（2003）は、超重症児の教育実践報告をまとめた中から、「働きかけに対する反応行動や応答行動が乏しく容易には指導の糸口が見いだせない子どもがいる一方で、働きかけに対して過度の緊張性やおびえるような様子を示したり、働きかけを拒否するかのように眼を閉じてしまう子どもがいた」ことを述べ、「病状が重く医療行為以外の働きかけが乏しくなりがちな子どもたちにおいては、身体に直接触れられる働きかけに対しては過度の過敏さを有する場合があるのであろう」と示唆している。このことは、重症児への関わりの難しさは、脳機能障害そのものから生ずるだけでなく、生活上での限定された働きかけによる経験の蓄積によってさらに複雑化することを示している。

　教育や療育現場では、重症児や超重症児の応答は微弱であるため周囲とのコミュニケーションに困難を抱えることが多いが、さまざまな働きかけに対しての反応が行動上の評価では難しい事例に対して、生理心理学的アプローチの有効性が指摘されてきている。例えば、聴性脳幹反応（ABR）や視覚誘発電位（VEP）などは、働きかけを受け止める諸感覚機能の客観的な評価法であり、重症児や超重症児では視覚障害や聴覚障害を併せもつことも少なくないことから、教育や療育では有効とうなる働きかけの受容に関する情報を得ることが可能である。また働きかけに対する身体の動きが微小であったり、不安定で確認しづらい事例に、刺激に対する応答性を評価する心拍を用いた報告（乾ら、1993；雲井ら、2003；渡邉ら、2004）や、近年ではNIRSによる脳機能の評価による報告（渡邉ら、2005；大江ら、2008；神郡ら、2019）もあり、実践報告も蓄積されてきている。一方で、重症児のニーズへの対応という観点で見た場合、生理心理学的アプローチの課題として、これら実践報告が対象となった重症児のみに有効であるといった汎用性の問題や方法が専門的であるため学校現場への運用の問題の指摘（池田、2015）もなされている。重症児の実態把握には一定の有用性が確認できていることもあり、教育や療育の実践での利用可能

なポータブルな機器と測定・評価システムの開発が求められている（細渕、2004）。重症児のコミュニケーションに関する実態把握の難しさについては、生理心理学的アプローチを含めて実践報告が取り組まれてきているが、個別事例を対象としたものが多いため、集団指導に関する科学的知見が乏しい。個々の実態が多様であるために、集団指導から汎用的な知見を得ることは容易ではないものの、これからの実践報告が望まれる。

　これら重症児の実態把握や有効な指導の実践といった教育や療育の質の保障も重要な課題であるが、一方で、周囲の関わり手とのコミュニケーション方法を確立するために心身機能の障害により丁寧な関わりが必要であるため、時間を要することが多い。たんの吸引等の医療的ケアが必要である場合には休憩を取りつつ学ぶ必要があったり、体調の不安定さから予定通りに活動に参加できない、あるいは訪問教育を受けている場合などもあり、他の障害に比べ教育や療育を受ける量そのものが保障されにくい。学習の定着にも時間を要することも考えると、特別支援学校高等部を卒業後も学習の機会の提供が必要である。近年では、生涯学習の場として知的障害者等を対象としたオープンカレッジの取組みがなされている（岡野ら、2010；杉本ら、2010）。また重症者を対象にしたオープンカレッジの取組みがなされはじめており（村上ら、2022）、教育保障のために学校卒業後も重症児者が生涯にわたって学び続けられるシステムの構築も重要な課題である。

Ⅲ．重症児の養育者（介護者）や家族と関連したニーズ

　重症児者は、その障害のため生活全般にわたって介護が必要である。その主たる介護者については、平成27年度に実施された岐阜県内の在宅生活を送る重症児者471名を対象とした実態調査では、主たる介護者は母親が94.1％とほとんどの重症児者で母親が主たる介護者であった。そのようなことから、重症児の母親に焦点を当てた研究も多くなされており、千葉（2021）は地域生活をする継続する上でのニーズについて、「生活の現状を見ても、重症児とその母親の分離を想定することは非現実的であり、その双方をいかに支援するかが今後のサポート体制には重要である」と述べ、重症児のニーズが母親と関連して

いることが見て取れる。重症児を養育する母親に焦点を当てた研究報告として、母親の障害受容過程と子どもの死に対する捉え方に関する報告（前盛ら、2008）、母親の養育負担感とその影響に関する報告（久野ら、2006）といった精神的・身体的負担に関するものや、育児への態度の肯定的変容に着眼した子どもの反応に関する内面的な支えに関する報告（田中ら、2017）や親のレジリエンスに注目した研究もなされている（田中ら、2019）。また母親だけでなく、主たる介護者を支える父親を対象とした研究も報告されている（下野ら、2013）。このように母親または父親の育児・介護に関連する困難についての知見は蓄積されてきており、十分ではないが家族への地域支援の整備・拡充がされつつある。

　この節では在宅生活を開始後の地域支援を中心に、重症児の養育者より生ずるニーズについて述べていく。涌水ら（2011）は重症心身障害児を養育する家族の不安やニーズを「療育における孤立化」「親仲間・専門職・行政との関わりの拡充」「療育体制の確立」といったエンパワメントのプロセスから検討し在宅生活の安定していない「療育における孤立化」の状態にある家族の不安やニーズとして「先行きの見えない療育生活」、病態や療育に関する「知識や情報」を明らかにしている。また市原ら（2016）は超重症児を養育している1家族を対象として日々直面する困難への対処しながら日常生活を維持、発展させていくプロセスを「在宅直後の状態不安定時」「在宅開始後数年経過した状態安定時」「医療依存度が高くなり、在宅ケアが困難になりつつある時期」に分けて検討し、「在宅直後の状態不安定時」では子どもの命の危険に脅えながらも日々を積み重ね、日々の生活の中に、家族のしあわせの意味を意味づけている状態であることとまとめている。また早期在宅支援を目的として、杉本ら（2018）は、超重症児をもつ母親がNICU退院後、在宅生活を得て、初めて小児専門病院の受診に至った母親に在宅生活での体験についてのインタビュー調査を実施しているが、その報告においても、「初めての生活は不安と試行錯誤の日々」「慣れない医療的ケアと育児に追い詰められる」といったことが語られていることを示している。これらの報告にある養育者や家族が抱える在宅生活への不安については、齊藤（2017）は、「PICUにおいて多くの小児集中治療医は、在宅医療や子供の居住地域の医療資源については知り得ないため、家族

の受け入れもままならぬまま、やむなくあるいは、意識せず、あらゆるデバイスに依存する新たな重症児を一般病棟や、在宅医療へ送り出す提案を当然のようにしてしまう」と述べており、乳児期における生命の維持や健康の安定を中心としたとした医療的サポートは重要であるものの、重症児とその家族のその後の生活へのサポートを踏まえることが難しく、在宅生活への移行後の不安につながっていることが推察される。

　このことについて、筆者が保護者だった時の話をすると、筆者の子どもは出産後すぐにNICUに入院し、2回の手術を得て、生後10か月で在宅生活に移行した。NICU入院時は、面会時間が1日2時間と短かく、人工呼吸器を装着していたことから半年間は撫でたり抱っこするのみであり、生命の危機や健康の維持への不安もあったが、養育にかかわる機会が少ないためかその不安も漠然としていた。在宅生活移行直後は、24時間子どもと過ごすことへの喜びを感じながらも、医療スタッフのいない初めての生活への不安が大きく、在宅生活開始後は体調が落ち着くまで、子どもの健康状態の維持が優先され、医療的ケアを含めた介護による身体的負担もあり、少し先の将来について考える余裕もなかったことを覚えている。当時筆者が居住していた地域は、在宅生活を支える社会資源が比較的豊かであったが、子どもの健康状態への不安が大きいことから他者へ子どもをゆだねることへ抵抗を感じ、その結果として主介護者である自身の身体的負担をさらに増加させていた。このことについては、涌水ら（2011）や杉本ら（2018）の報告でも類似した内容が示されている。また涌水ら（2011）でニーズとして示されていた病態や療育の「知識や情報」と関連して、筆者も在宅移行後に自身の子どもの発達支援に関する情報の入手を試みたが、保健師や訪問看護、訪問OTを利用していたが具体的な情報を得ることは難しかった。重症児の乳児期については、養育者の精神的状態も落ち着かなくまた本人の状態も安定していない難しい時期ではあるが、発達に関する情報の提供や支援が重要な課題であると考える。

Ⅳ．地域生活支援と重症児のニーズ

　障害のある多くの児・者は生活をする上で地域支援が必要となるが、重症児

の場合は生活全般に介助が必要なことが多く、その介護については養育者が主
となる場合が多い。したがって、Ⅲでも述べたが、養育者には育児や介護の負
担やストレスがかかることといったことから生活を安定させるために地域の支
援が必要になる。また重症児は重度の知的障害と肢体不自由を併せ有するだけ
でなく、合併症などの何らかの病態があることが多いことから、福祉的支援だ
けでなく医療的支援も必要な場合が多い。特に近年では医療的ケアが必要な重
症児の数も増えてきている（奈倉ら、2018）ことから、医療的支援がより必要
とされてきている。ここでは、重症児本人とその家族を支える地域からのサ
ポートについて述べていく。

　菊池（2013）は、重症児（者）と家族に対する地域生活支援の現状と課題を
まとめ、その中で主たる介護者の母親は養育上の負担を抱えていたが、その負
担は医療・福祉サービスなどの社会資源よりも、悩みなどを共有できる家族会
などの社会資源を利用することで負担が軽減されていたことを示している。こ
れに関連して、重症児とその家族が地域生活を継続する上での要因や必要とな
るサービスや社会資源について検討した千葉（2021）の報告においても、子ど
もの障害が重ければ重い程、社会的支援が重要と述べ、今後はソーシャルキャ
ピタルの概念、インフォーマルサポートの有用性が地域生活を継続する上で重
要であること、を指摘している。また、千葉は、母親以外の他者が子どもの身
体状況や体調への理解者を増やし、子どもが楽しく安心して生活できる拠点で
ある「地域」を構築していくが大切な視点である」ことを述べており、福祉や
医療の公的な支援の充実・拡充と合わせて、家族以外による支援者のネット
ワークの構築が必要であろう。

　他方、重症児本人や主たる養育者の体調などにより家族環境の変化から、安
定した在宅生活を送る支援の再構築が必要となる場合もある。重症児は、思春
期から青年期にかけて体格が急激に成長し、身体適応が追い付かず、呼吸機能
や嚥下機能に問題が生じてくる（石井ら、2015）。小谷（2003）はこの時期か
ら身体諸機能の適切な評価とともに、重症児の生活環境を含めた介護方法の再
調整がその後のQOLの向上につながることを指摘している。このような重症
児の生活環境を含めた支援の最長背については、菊池ら（2011）が報告してい
る特別支援学校高等部在籍の超重症児の学校教育修了後の地域生活移行に向け

た支援を検討したものがあるが、十分に検討されていない。その他、在宅生活から施設へと生活の場を移す場合だけでなく多くはないが施設から施設へと生活の場を移す場合もあることから、重症児の生活環境の変化に伴う支援について報告が待たれる。

V．おわりに

　本稿では重症児本人から生ずるニーズ、養育者や家族と関連したニーズ、地域生活支援と関連したニーズについて、研究報告や筆者の体験を交えて述べてきた。近年の医療の発展とともに、重症児の実態がより重度で多様なものになってきているが、重症児への福祉的支援や医療的支援は地域差があるものの徐々に整備されてきている。その一方で、重症児本人の実態把握に関しては研究が進んできてはいるものの、個別性が高く、療育や教育の実践現場に活用しやすい知見の蓄積が必要である。また重症児本人の成長や家族の介護体制の変化などにより、支援体制そのものを構築し直すことが必要になる場合など、生活状況が落ち着いている時だけでなく、生活状況の変化に付随するニーズへの対応に関する報告は少なく、今後の報告が望まれる。

文献

千葉伸彦（2021）重症心身障害児とその家族の地域生活を継続する要因について．地域ケアリング，23(4)，53-57.

岐阜県健康福祉部地域医療推進課障がい児者医療推進室（2015）岐阜県在宅重症心身障がい児者等実態調査の調査結果報告書（大島分類準拠版）.

細渕富夫・大江啓賢（2004）重症心身障害児（者）の療育研究における成果と課題．特殊教育学研究，42(3)，243-248.

市原真穂・下野純平・関戸好子（2016）超重症児とその家族の日常生活における家族マネジメント―日々直面した困難への対処に関連したある家族の認識と行動―

池田吏志(2015)重度・重複障害児を対象とした関わりに関する教育研究の動向と課題．広島大学大学院教育学研究科紀要第一部，64，29-38.

乾初枝・田中道治（1993）重症心身障害児の定位・探索反応の分析．特殊教育学研究，30(4)，23-34.

石井光子・平元東（2015）健康管理の基本的な考え方．岡田喜篤（監修）新版重症心身障害療育マニュアル．医歯薬出版，70-76.

石井光子 (2020) 千葉県における医療的ケア児者および重症心身障害児者の実態調査.
　日本小児科学会雑誌, 124(11), 1649-1656.

神郡裕衣・勝二博亮・尾崎久記 (2019) 超重症児事例における教育的働きかけへの応
　答的反応の検討―手指動作、心拍、脳血流の解析による―. 特殊教育学研究, 57(1),
　1-11.

川住隆一 (2003) 超重症児の生命活動の充実と教育的対応. 障害者問題研究, 31(1),
　11-20.

菊池紀彦・八島猛・室田義久・郷右近歩・野口和人・平野幹雄 (2005) 超重度障害児
　に対する療育研究における現状と課題. 保健福祉学研究, 4, 87-101.

菊池紀彦・濱田匠・八島猛 (2011) 超重度障害児に対する学校教育修了後から地域生
　活移行のための教育的支援の検討. 三重大学教育学部研究紀要, 62, 135-143.

菊池紀彦 (2013) 重症心身障害児 (者) と家族に対する地域生活支援の現状と課題.
　特殊教育学研究, 50(5), 473-482.

菊池紀彦・木伏阿美 (2016) 医療機関・重症心身障害児施設を対象とした就学前の超
　重症児の調査. 三重大学教育学部研究紀要, 67, 301-307.

小谷裕実 (2003) 思春期・青年期における重症児の発達と医療. 障害者問題研究, 31(1),
　30-38.

雲井未歓・森正樹・北島善夫・小池敏英 (2003) 重症心身障害児における人の働きか
　けに対する定位反応と期待反応の発達に関する研究：心拍反応の縦断的観察と療育
　指導経過の分析に基づく検討.

久野典子・山口圭子・森田チエ子 (2006) 在宅で重症心身障害児を養育する母親の養
　育負担感とそれに影響を与える要因. 日本看護研究学会雑誌, 29(5), 59-69.

前盛ひとみ・岡本祐子 (2008) 重症心身障害児の母親における障害受容過程と子ども
　の死に対する捉え方との関連―母子分離の視点から―. 心理臨床学研究, 26(2),
　171-183.

三上史哲・三田勝己・平元東・岡田喜篤・末光茂・江草安彦 (2008) 公法人立重症心
　身障害児施設入所児 (者) の実態調査の分析―病因別発生原因とその経年的変化―.
　日本重症心身障害学会誌, 33(3), 311-326.

村上沙耶佳・苅田知則・樫木暢子・中野広輔 (2022) 重症心身障害者等の生涯教育に
　ついて―「地域連携による訪問 (遠隔) カレッジ・オープンカレッジ@愛媛大学」
　の取り組みから―. 大学教育実践ジャーナル, 21, 99-106.

奈倉道明・田村正徳 (2018) 平成30年度厚生労働科学研究費補助金障害政策研究事業
　(身体・知的等障害分野) 分担研究報告書「医療的ケア児に対する実態調査と医療・
　福祉・保健・教育等の連携に関する研究」.

野崎義和・川住隆一 (2013) 超重症児該当児童生徒に対する教育の実態に関する調査
　研究―肢体不自由・病弱特別支援学校における指導の実際―. 特殊教育学研究, 51
　(2), 115-124.

岡野智・鈴木敬太・野崎義和・川住隆一・田中真理 (2010) オープンカレッジにおける知的障害者の生涯学習支援に関する意義―受講生の家族へのインタビューを通して―．教育ネットワークセンター年報，10, 27-36.

岡澤慎一 (2012) 超重症児への教育的対応に関する研究動向．特殊教育学研究，50(2), 205-214.

大江啓賢・佐伯啓介・野々田豊・米谷博・宮原綾子・小林巌・中川栄二 (2008) 療育者の働きかけに対する重症児 (者) の反応に関する検討―近赤外線スペクトロスコピー (NIRS) 評価を取り入れて―．日本重症心身障害学会誌，33(2)、223.

大江啓賢・川住隆一 (2014) 重症心身障害児及び重度・重複障害児に対する療育・教育支援に関する研究動向と課題．山形大学紀要 (教育科学)，16(1), 47-57.

大島一良 (1971) 重症心身障害の基本問題．公衆衛生，35, 648-655.

齊藤修 (2017) PICU における重症心身障害児―その課題と展望．総合リハビリテーション，45(9), 883-888.

下野純平・遠藤芳子・武田淳子 (2013) 在宅重症心身障害児の父親が父親役割を遂行するための調整過程．日本小児看護学会誌，22(2), 1-8.

杉本裕子・松倉とよ美・村田敬子・玉川あゆみ・古株ひろみ (2018) 超重症児をもつ母親の NICU 退院から小児専門病院受診に至るまでの体験．人間看護学研究，16, 9-17.

杉本正・兼松美幸 (2010) 実践報告「オープンカレッジの展開」．帝塚山大学心理学部紀要，6, 123-132.

鈴木康之 (2015) 超重症児 (者)、準超重症児 (者)、いわゆる動く重症心身障害児 (者).岡田喜篤 (監修) 新版重症心身障害療育マニュアル．医歯薬出版，15-19.

田中美央・西方真弓・宮坂道夫・倉田慶子・住吉智子 (2017) 重症心身障害児の反応に関する母親の内面的支え体験．新潟大学保健雑誌，14(1), 69-78.

田中美央 (2019) 在宅重度障害児・者の親のレジリエンス尺度の開発―その信頼性と妥当性の検討―．日本衛生学雑誌，74, 1-11.

涌水理恵・藤岡寛 (2011) 重症心身障害児を養育する家族の抱える不安とニーズの変化―家族のエンパワメントプロセスに照らし合わせて―．日本重症心身障害学会誌，36(1), 147-155.

渡邉流理也・小池敏英・加藤俊徳・鈴木康之 (2004) 視覚障害を伴う重症心身障害児における期待心拍反応の生起と脳形態所見との関係．日本重症心身障害学会誌，29(3), 231-237.

渡邉流理也・大賀愛紀・小池敏英・加藤俊徳 (2005) 脳酸素機能マッピング (COE) を用いた重症児の教育指導効果の評価法．日本重症心身障害学会誌，30(3), 265-270.

SNE ジャーナル, 28(1), 2022, 63－75

特　集

当事者の特別ニーズとピアサポート
―不登校、不適応、被虐待、精神障害、ヤングケアラー問題等の ピアサポートを長らく開拓してきた当事者の立場から―

森定 薫

（ピア・サポートセンター代表／社会福祉士）

　本稿では、不登校、不適応、被虐待、精神障害、ヤングケアラー問題等のピアサポートを実践している筆者の立場から、現在の当事者への理解や支援が日本特別ニーズ教育学会の目的と当事者の特別ニーズに応えているかを考察し、本学会において研究に当事者性を生かせる可能性について述べた。

　筆者らのピアサポート実践でも、定時制高校や中学校において1990年代から開始し、現在、学校教育修了後の特別ニーズを持つ青年に対してソーシャルワークも実践している。その根底には、学校教育では特別教育的ニーズへの理解や支援があったが、社会に出ると当事者に要求されるものも多様になり、支援体制も変化し不適応や病気などを発症する当事者がいたためである。現在筆者らは、当事者やその子どもの支援を協働で実践している。

　同様に、本学会では研究者と当事者が協働し研究することも珍しくない。協働研究の進展は当事者の特別ニーズに応えているとも考えられる。

　本学会は、学校教育だけでなく、学校から社会への移行、各ライフステージにおける当事者とその家族の問題への理解と支援のため、協働で研究実践する必要がある。

キーワード

学校から社会への移行　Transition from school to the community

卒業後のピアサポート　Peer support after graduation

当事者の参加　Participation of persons with special needs

協働　collaboration

I. はじめに

　1990年代は不登校経験者が学会発表をするというと、稀な時代であったことを思い出す。特別なニーズ教育とインテグレーション学会（現日本特別ニーズ教育学会：以下本学会と略す）は設立され四半世紀を超えた。今日、当たり前のように使われている「当事者」という言葉さえ、新聞社から「法律用語なので文意にそぐわない」と指摘を受けた。

　当時の本学会の入会案内には、「障害とは言えない学習上の困難や心身症、アレルギー、不登校・登校拒否、高校中退など本来通常の学級で十分な学習が保障されるべき多くの子どもたちが、何らかの教育的な援助」を必要としていることが記載されている。また、本学会は「学問的な枠組みを超えた共同の研究」を求めており、このことは本学会への当事者の参加を容易にした一因であったと考えられる。

　本稿では、特別ニーズを持つ当事者から見た本学会の活動、学校教育修了後の特別ニーズを持つ青年へのピアサポート実践をふまえ、当事者から見た現在の課題や提案をしたい。

II. 当事者から見た本学会における研究及び実践について

　特別ニーズを持つ一当事者の視点から、当事者の発言や発表、今までに発刊されたSNEジャーナル全27巻を通読した。以下、一当事者の思いである。

　本学会発足時は、当事者は今日に比べ研究対象的な感も否めないが、読み進めていくと当事者の参加とともに徐々に当事者の位置づけが明確化されている。

　第2回研究大会（1996：東京学芸大学）で、森定（1996, 1997）は特別教育的ニーズ（Special Educational Needs：以下SENと略す）を持つ当事者として自身の心身症や不登校の経験を発表し、その発表は、SNEジャーナル第2巻に「当事者としてSNE学会に参加して」として掲載された。また同巻にはいじめを受けた当事者である坪内（1997）の「いじめ体験の報告」も掲載されてい

る。この年の研究大会では、福島（1996）も当事者として盲聾障害者の立場から見た障害学生支援のあり方として就職問題を提起し「指導教官や学生部の教職員を中心に、障害学生の就職相談や斡旋を積極的に行うべきである」と提言している。

　その後も、筆者らはピアサポート実践を通して、第9回研究大会（2003：鳥取大学）において森定ら（2003）はSEN当事者企画として「特別な教育的ニーズと当事者性―ピア・サポーターを希望する当事者の思い―」として発表した。第16回研究大会（2010：岡山大学）では、課題研究として西山、木口、森定（2011）「ある不良少女の成長に学ぶ―13,000字の少女の手記を通して―」を当事者の視座や意見を中心にし組み立て発表した。内容は教師に暴力を振るうなどの当事者と、関わった教師が同時に登壇し手記をもとに報告した。このような当事者発表は一定のバイアス等が生じるが、発表に至る過程で当事者と教師らが、深夜まで記憶の整理とふり返りを重ね在学時をそれぞれが客観視できていた。翌年にはピア・サポート実践者同士が相互に聞き取りを行い、森定・木口・平松（2012）で、ひきこもり、リストカット、DV、被虐待等の当事者の生の声を生かした論考を発表した。その中でSENを持つ当事者が高校時代にリストカットをしていた頃の自分の手記と、卒業後10年経過した時点での当事者としての比較が著されたことは、当事者の成長や発達を考察するうえでは大きな意味を持つと考えられる。

　後述するが、これらの学校教育から社会への移行も含めたピアサポート実践は、現在までピア・サポートセンター（以下：PSCと略す）で実践が継続されている。

　さて、前述の当事者の発表や関わった教師らの参加に関して、加瀬（1999）はすでに本学会発足5年後に「通常教育を経験してきた当事者、保護者、そして彼らと取り組んだ教師に焦点を当てていく必要がある」と述べている。ただし、本学会発足当初は筆者らSENを持つ当事者の発表や自己開示を当事者を守る意味から危惧する声もあった。しかし、その一方で、当事者の視点で当事者を擁護、支援する論考も徐々に増えてきた。中でも鈴木（2000）は、子どもの権利条約第23条を引用し、専門家主義の克服を指摘し「教師（専門家）が当事者の子どもや保護者にとって利用できない指導上の専門的知識や技術を基

礎として、学習活動の質や学習への適格性を判断してはいないかどうか」、さらに「教師側のニーズを充足させるために援助者を利用していないか」を指摘している。

　これらの論文が発表された20世紀は、当事者から見ると、当事者の参加は少ないが積極的に教師と生徒の関係のあり方が議論され、パラダイム転換がおこり、当事者の持つニーズや課題が積極的に本学会で論じられた時代だったと感じている。

　21世紀になると、当事者へのインタビューや発言の引用、当事者の家族の協力を得ながら個別のニーズにアプローチする論考が増えている。多くの当事者は研究に協力できることも嬉しいが、文末に当事者やその家族に対して謝辞があると「こんな私でも役に立つんだ」「自分たちのことをわかってくれたんだ」と感じているのである。実際に当事者について発表された資料のコピーなどは、多くの当事者が大切に保管している。このような当事者の声や思いの発信は、竹本・高橋・田部（2012）が「当事者の声・青年たちの想いをもっときちんと汲み取って、それらを整理しながら継続した支援の内容とシステムを作り上げていく時代に来ている」ことを指摘し、当事者の発言についても、田部（2016）は、自らの研究過程で得られた当事者の生の声を発信し、副島（2016）も、院内学級で出会った子どもたちが教えてくれた声を紹介し「子どももチームの一員だ」と子供たちとの協働を断言している。

　学校教育修了後の当事者支援に関する実践では、田中（2016）が当事者の「まだ学び足りない」「もっと学びたい」という願いを受け、NPO法人立見晴台学園大学を開学し研究実践報告をしている。

　当事者のニーズ把握（アドボカシー）の研究では、杉原・加瀬（2017）が重度障害者のニーズ把握に関する方法論で、その意義について「重度障害者本人の声を研究対象とした」ことと、「彼らの内なる声の代弁者として一定の意味を有している」ことを指摘している。

　並行し本学会への当事者参加も継続してあった。例えば大橋（2018）は自身の場面緘黙について当時をふり返り「話せなくなったことにより学校生活が辛く大変なものになった」「意見がありつつ発表したい気持ちもあるのに何も言えない」と述べている。同時に「その根底には意見を言うことへの不安があ

り、その対処方法であった」ことを認めながら、「自分の内側を表現する不安からは解放されていた」と当事者ならではの考察をしている。

　以上、一当事者の視点から多くの当事者に関する発表や文献のごく一部であるが印象深い部分を提示した。近年では本学会においては多くの実践報告や論考に当事者の肉声が色濃く反映されているのが現状である。

　このように一当事者の視点からふり返ると、本学会は筆者ら当事者の視座を大切に特別ニーズに対して、教育保障や生活保障、単に当事者の調査・研究実践にとどまらず、アドボケーター役を果たしている。また、本学会と当事者の関係は、当事者の協力という時代から、現在は本学会と当事者が協働し研究実践が行われていると感じている。

　次章では、SEN を持っていた生徒の学校教育修了後の PSC での支援を報告する。

Ⅲ. 特別ニーズを持つ人同士のピアサポート実践

1. 学校でのピアサポート実践

　筆者らの PSC での実践の源流は、日本福祉大学でピアサポート（当時はピアカウンセリングと言われていた）の研究を始めた1990年ごろまで遡及できる。

　ピアサポートの研究を始めた理由は、まず筆者自身が不登校、高校中退、精神障害（発達障害、気分障害）などの SEN を持つ当事者であったこと、その経験を何らかの形で社会に還元したいという思いを持っていたからである。筆者は、大学卒業と同時に、岡山県青少年相談員（ボランティア）としてピアサポート実践を開始した。現在のようにピアサポーターは、職業として十分に確立されていなかった。また、当時は精神障害に対するスティグマは現在よりはるかに多い状況だった。そのスティグマ排除のために、岡山県精神保健福祉センターや社会福祉法人 JHC 板橋会などから助言を受けた。この学びが後に学校教育での精神障害を持つ生徒らへのピアサポートにおいて大きな意味を持つことになった。

　そのころ大学の指導教官高橋智会員（障害児教育論）のすすめで当事者とし

て本学会で前掲の発表をしたことが、特別ニーズ教育分野でのピアサポート実践の契機になった。

筆者は1997年からは母校の定時制高校で社会福祉（非常勤講師）を担当し、教育相談の一環としてピアサポートの実践を開始した。その当時の生徒を取り巻く環境であるが、1997年には不登校児が10万人を越え、神戸少年事件（酒鬼薔薇事件）など、凶悪・粗暴化が深刻な社会問題となっていた。文部省は1998年10月から「ストレスを和らげることができる第三者的な存在となりうる者を生徒の身近に配置」することを目的として、「心の教室」（活用研究委託事業）を開始した。筆者は不登校経験を考慮され心の教室相談員を任命された（新聞記事参照）。その他、私立高校1校、国立大学1校で非常勤教職員として、学校で特別教

育的ニーズを持つ生徒児童に対してピアサポートの実践を2005年3月まで継続した。

学校での相談内容は、不登校、いじめ、被虐待、自傷行為、精神障害などSENを持つ生徒の支援が中心であり、必要に応じ外部機関との連携をした。実践の一部は本学会でも報告した。特別ニーズ教育におけるSENを持つ当事者による当事者へのピアサポート実践は先駆的なものであった。その中でも定時制高校で行ったピアサポートは、現在のPSCに受け継がれ、当時の生徒や教職員とは定期的な活動をしている。

日 本 教 育 新 聞

不登校経験者を採用
心の教室相談員に

岡山県賀陽町教委

岡山県・賀陽町教委は文部省の「心の教室相談員調査研究事業」を受け、元不登校児の蓮定嵩さんを九月から竹荘中学校に採用する予定だ。

蓮定さんは神経性胃炎の下痢やむかつきで中学一年からの二年間不登校をし、高校一年の半分も欠席。元町立高城高校（定時制）に通っている状態だ。

蓮定さんはピア・カウンセリングの勉強をしながら、岡山県少年センターのボランティア相談活動で保護者に対する相談も行っている。また、不登校や、お互い共通したものの見方をつけていきたい」と語る。

現在も続いており、症状も現在も受け入れられる方向で過ごしている状態だ。

蓮定さんによれば不登校の原因は「力を入れないている部分まで気を抜けず、一生懸命やりすぎ息切れしてしまう」ため。過敏性腸症候群の症状は

今後の抱負について「何校とスクールカウンセラー認定校を除いた中学校に導入される予定。

「心の教室相談員」は文部省の本年度の総合経済対策で、三学級以下の小規模二学期から配置される予定

やめられないなどの「強迫神経症」の子どもと交遊の症例。

蓮定さんは、今は悩み立ち止まったり病気になることが許されない社会だとし、「イライラや不安感、焦燥感をもつのは当たり前。恥ずかしいと思わず欲しい。悲しい、つらいと思って欲しい。悩んだことを話してほしい」と話している。

岡山県教育庁高等教育対策所

県教育庁高等教育対策課は「相談活動に応じ心のケアを受け入れることが大切。どういう段階をしてくれるかは未知数だが、持ち前の明るさで子どもを受けとめてほしい」と期待している。

（日本教育新聞平成10年8月1日号）

2. PSC 設立について

　PSC 設立の目的は、先に述べた SEN を持つ生徒の学校教育修了後も継続したピアサポートの提供をすることが目的であった。社会への移行時に困難を要する多くの生徒の存在も無視できない。

　筆者のピアサポート実践では、学校では SEN に対して適切な支援がされ、安定した学校生活を送る生徒が多くいた。しかし、卒業と同時に SEN を有していた生徒たちが社会での挫折や不適応を起こした。また一見 SEN を持たないような生徒たちも、社会での挫折やそれから立ち直れない実態があった。社会に出て自分自身の居場所すら見つけられない卒業生も多くいた。

　定時制高校は、母校を訪ねて来る卒業生や中途退学者が比較的多いため、学校を離れた当事者にもピアサポートは継続していた。多機関連携を実施し、ハローワーク、進学先、就職先などと当事者のニーズに合わせた連携やアドボカシーを行った。専門性を求められる対応では、DV 被害者と警察署への同行、精神障害を発症した経済的困窮者には、傷病手当金や自立支援医療などの情報提供とともに生活保護申請の同行などをした。

　SEN 当事者の学校から社会への移行はオーバーラップ的支援を意識しつつ、学校から社会へ当事者中心の支援が行われることが大切であると認識しながら実践をしている。

　このように、学校教育修了後も PSC は継続してソーシャルワークの機能を持ちピアサポートをライフステージに応じた支援ツールとして用いて活動をしている。

3. 学校教育修了後のピアサポート支援と SEN 当事者たちの近況

　学校教育修了後も自身の特別ニーズと向かい合わざるを得ない当事者が多くいる。筆者の特別ニーズも学校教育の期間ではおさまりきらず、卒業後も継続した支援が必要であった。同様に高校時代から現在まで PSC で関わっている特別ニーズを持つ5名を紹介する。

Aさん（30歳代：リストカット、摂食障害経験者）
　Aさんは、高校在学中は、不安傾向や自分に自信がないことから教師への依

存が強く、リストカットや摂食障害、飲酒などの行動を呈していた。経済的な部分でも苦労し高校から通信制大学に進学した。大学進学後は、福祉施設で働きながら20歳代半ばには自傷行為もほとんど見られなくなった。その後、うつ病を発症したが通院を継続しつつ現在は医療機関で専門職として働き安定した生活を送っている。PSCでピアサポート実践をしていたが、「ピアサポートは過去のものにしたい」と卒業を宣言した。過去の自分とは関わりたくない気持ちがあるように感じる。AさんはPSCを通過点とした事例と言える。

Bさん（40歳代：中学時代不登校、双極性障害）

　Bさんは、高校在学中から、精神障害（うつ状態）を抱えながら通学をしていた。当時は症状も軽く就学上の特別な支援をすることもなく、困ったときは自分で判断して教育相談室に来室していた。進路も医療的分野を希望し卒業後は専門学校に進学した。

　進学した翌月頃から、進学先での人間関係に悩んでおり、専門学校の講義が終わった後は卒業した定時制高校に寄るようになった。その後、気分の波が激しくなり双極性障害と診断され学校は退学した。現在は、ピアサポートの実践をしつつ自分らしく過ごしている。関わった教師らは病の中で優等生を演じていた本人に気づけなかったが、本人によれば、その対応も含めて教員らに対して感謝し肯定的にとらえているとのことである。現在は就労はしていないが、フリースペースの運営をしており、関わった教員らは現在も彼らしい生き方を応援している。Bさんの繊細さゆえに困っている友達をPSCに導く力は誰にも負けない。自ら躁転する前に「○○（処方薬）で抑える」と言って体調をコントロールしようとしている。今回のBさんへの聞き取りでは、「森定先生と出会ってまもなく25年が来る。僕も少しばかり視野が広がったかな」と語った。Bさんとピアとしてお互いの成長を嬉しく感じた。時間をかけPSCとして当事者の発達支援している事例である。

Cさん（40歳代：2回の高校中途退学、卒業後双極性障害発症、希死念慮）

　Cさんは、高校時代は体力もありトラック運転手をしながら定時制に通っていた。2度の中退を経験していたが、3度目の入学で卒業した。そのCさんか

ら卒業から15年が経過したころに突然電話があった。内容は「死にたい。今すぐ死にたいけど、仕事があるから頑張らないといけない。森定先生が言った言葉を思い出してイチかバチかで電話をした」というものであった。対応としては、翌日本人の居所で緊急面接を実施し、Cさんの命を守るために危機介入することを本人から了解を得た。その後、PSCとして、保健師、相談支援専門員、児童福祉司、精神科のある病院のPSWらと連携をとり、Cさんに同行しての精神科医の診察、双極性障害により任意入院となった。その時のCさんとの会話の記録では、「高校の時から時々無敵になって、なんでもできるような気がして浪費をし、自分の気持ちを相手に合わせて答えてしまうこと」などを話している。病院の許可を得て院内で1回／週のピアサポートをしつつ、障害年金や生活福祉資金などの情報提供をした。同時に退院後の見通しをたてるために家族支援も実施した。Cさんは退院し、平成30年の西日本豪雨では、ボランティアとして生活支援物資を避難所に届けるまで回復した。他者の役にたてた経験やPSCでの活動が自信につながっていったそうである。現在は、就労継続支援事業を利用しながら、一般就労を目指している。Cさんの場合は高校時代から潜在的特別ニーズを持っていたと推測される。卒業後特別ニーズは顕在化し、ピアサポーター（教員）を頼りにSOSを出し、現在もPSCで毎週ピアサポートを実施している事例である。

Dさん（40歳代：不登校、ひきこもり、発達障害）

　Dさんは、中学校から不登校であった。全日制高校に進学するも登校できない日が続き定時制高校に転入してきた。転入後も欠席が続き、休学、原級留置。2年目も同様であった。本人は精神科受診せず、家族が定期的に精神科医に相談に行くという状況であった。高校では、相談室に来て話をし自分の時間を持つことを大切にしていた。

　結局、Dさんは中途退学したが、その後も高校に隣接する生涯学習センターでピアサポートを実施していた。中退後も必要な時は電話や手紙のやり取りを継続し、一昨年は数年ぶりに直接会ってピアサポートをした。その時、Dさんと高校時代のふり返りをした。学校から自宅までの約20kmを歩いて帰宅し、困った時は直接電話をしてくるなどのストレングスを持っていたことを公園で

笑いながら一緒に話した。Dさんが中退して20年以上が経過したが、いまだにピアサポートは実践されている。以下、最近のメールからの抜粋である。「森定先生こそお元気ですか。私は精神的に不安定になる時があります。季節がらなんでしょうか。自分でもよくわかりません。まだ○○病院に通っています。コロナ感染者数と相談しながらですけど。（略）気にかけてくれてありがとうございます。困った事があってもなくても、相談させてもらいます。早くコロナが収束して欲しい。」現在もDさんはひきこもりの状態であるが、高校時代の友達や教師に現在も会いたいと言っている。このことを通して、卒業後の当事者支援を学校や教職員がどのように関わっていくかが課題であると感じている。また、高校を退学した後もこのように一貫したピアサポート体制があってもよいのではないかと考えている。Dさんは最近病名が確定した。発達障害である。家の中ではあるが日常生活を送れるようになり、「作業所は無理かな」などの発言も最近あった。引き続き、ピアサポートを継続していく。Dさんの発達やニーズに合わせた支援を、Dさんの高校時代から継続している事例である。

Eさん（40歳代：不適応、暴言、コミュニケーションが極度に下手）

Eさんは、温かい人間関係をつくることが苦手で、自尊感情を少しでも否定されると攻撃的になるという生徒であった。卒業後も、ハローワークや各相談機関に何回もつなげるが、担当の相談員を批正したり攻撃したりするので一貫した支援体制が構築できないまま現在に至っている事例である。また、Eさん自身もコミュニケーションで苦しんでいることから精神科の受診をすすめるが、支援体制ができると「私をゴミ扱い」されたと言ってピアサポーターを罵倒する状況が続いている。PSCスタッフの公認心理師に主担当を変え、多機関連携を行ったが、まったく変化がなくさらに反抗的な態度や暴言を吐きながら各機関を転々としている。多機関、多職種連携で支援を試みるが、約束という概念は稀薄で定まった機関につながらず学校教育修了後すでに20年が経過している。反社会的な発言も多く見られるが、Eさん自身からはPSCとの関わりを切ることはできない状況である。

Eさんは、学校では特別ニーズに対して適切な対応がされ卒業に至ったが、

社会ではその居場所の確保すら困難な事例であると考えている。

　以上、学校教育修了後に関わった特別ニーズを持つ5名の当事者の現在の状況を紹介した。そのほかにも、発達障害の当事者が親になり、子どもも発達障害の診断がついた親子、不登校経験者の子どもが不登校になり、家族としてピアサポートを実施している事例もある。

　PSCは特別ニーズを持った生徒とともに、学校から社会移行を経てピアサポート実践を継続していることは稀少であるとともに、特別ニーズを持つ当事者の発達保障という意味からも意義深いのではないだろうか。

Ⅳ．おわりに

　本学会発足から30年を迎えようとしている。その活動を通して感じることは本著のように当事者の参加、当事者やその家族などの持つ特別ニーズに対して研究者らと協働でアプローチが始まっていることである。各研究大会においても、登壇はしなくても発表事例の当事者が会場内にいる光景もしばしば見るようになった。本学会は当事者や家族のみならず、教職員、研究者、医療・福祉・保育関係者なども含め多職種で協働で行われている。

　PSCの実践では、学校教育修了後の支援の脆弱さがあることを指摘した。学校から社会への移行とともに、特別ニーズを持つ生徒らのライフステージをふまえた発達保障や社会教育などを考え、学校から社会に向けて連続性のある支援体制を整理し再構築していく必要はないだろうか。

　また、当事者活動や当事者性は転換期を迎えている。例えば2020年度からは、鳥取県を皮切りに全国で障がい者ピアサポーター養成研修事業（公費）注）が開始された。障がいを持つ当事者が、専門職としてピアサポーターと呼ばれる時代になった。この専門職を学校教育に還元することはできないだろうか。幸いにも2022年度からは、高等学校の保健体育の教科書に精神疾患の項目が加わった。ピアサポーターを学校教育のスタッフとして、前述した高校の保健体育の授業などで試行的に活用していただくことは難しいだろうか。

　本学会は特別ニーズの当事者性を尊重し、当事者の利益のために各会員が研究実践を行っている。特別ニーズを持つ当事者が、学校教育修了後多くの経験

をし、何らかの形で再び学校教育に参加することで当事者性の循環がはじまり、再び教職員と協働することで特別ニーズ教育の幅がさらに広がることを心から期待する。

注

　障害者ピアサポート研修事業とは、自ら障害や疾病の経験を持ち、その経験を活かしながら、他の障害や疾病のある障害者の支援を行うピアサポーター及びピアサポーターの活用方法等を理解した障害福祉サービス事業所等の管理者等の養成を図ることにより、障害福祉サービス等における質の高いピアサポート活動の取組を支援することを目的とする。

引用文献・文献

森定薫 (1996)「心身症 (PSD) 及び強迫不安神経症に起因する不登校児の軌跡（ある問題児の成長を通して）」『SNE 学会第 2 回研究大会発表要旨集録』, 130-131.

森定薫 (1997)「当事者として SNE 学会に参加して」『SNE ジャーナル』第 2 巻, 129-133.

坪内信治 (1997)「いじめ体験の報告」『SNE ジャーナル』第 2 巻, 134-143.

福島智 (1996)「盲聾障害者の立場から見た障害学生支援のあり方」『SNE 学会第 2 回研究大会発表要旨集録』, 78-79.

森定薫・菅野崇・平松未帆・西海巡 (2003)「特別な教育的ニーズと当事者性―ピア・サポーターを希望する当事者の思い―」『SNE 学会第 9 回研究大会発表要旨集録』, 64-67.

西山千秋・木口雅文・森定薫 (2011)「不良少女の手記から学ぶ―13,000 字の少女の手記を通して―」『SNE ジャーナル』第 17 巻 1 号, 87-104.

森定薫・木口雅文・平松未帆 (2012)「当事者組織による「ひきこもり・リストカット・DV 虐待」等の相談活動と支援」(特集「不適応・二次障害」と発達支援)『SNE ジャーナル』第 18 巻 1 号, 35-50.

加瀬進 (1999)「SNE 学会における研究動向 (1995-1999) と課題」『SNE ジャーナル』第 5 巻 1 号, 239-257.

鈴木庸 (2000)「通常学校における学級・授業の転換と特別なニーズ教育」『SNE ジャーナル』第 5 巻 1 号, 18-37.

竹本弥生・田部絢子・高橋智 (2012)「発達に困難をかかえる高校生が求める『自立・就労社会参加』の支援―公立高校と特別支援学校高等部分教室に在籍する生徒への調査から―」発達 33 巻 129 号, 18-25.

田部絢子 (2016)「発達障害児の食行動に関する困難・ニーズと支援」『SNE ジャーナル』第 22 巻 1 号, 22-36.

副島賢和（2016）「病気や障害による困難を抱える子どもを支えるかかわりに大切なこと」『SNE ジャーナル』第 22 巻 1 号, 51-67.

田中良三（2016）「障がい者の生涯発達と学び支援を研究課題に」『SNE ジャーナル』第 22 巻 1 号, 68-80.

杉原綾乃・加瀬進（2017）「重度障害者のニーズ把握に関する方法論的検討―本人・関係者に対する日中活動についての調査から―」『SNE ジャーナル』第 23 巻 1 号, 56-72.

大橋伸和（2018）「場面緘黙とひきこもり―自分史をふりかえって―」『SNE ジャーナル』第 24 巻 1 号, 24-37.

吉川敦（2022）「鳥取県協会における障がい者ピアサポーター養成研修事業の取り組み」『日本精神保健福祉士協会誌』第 53 巻 2 号, 193-196.

「不登校経験者を採用―心の教室相談員に―」1998 年 8 月 1 日号, 日本教育新聞.

「特集平成 12 年度『心の教室相談員』活用調査研究委託研究集録」中等教育資料／文部科学省教育課程課編, 5-184.

「障害者ピアサポート研修事業の実施について」厚生労働省社会・援護局障害保健福祉部長通知、令和 2 年 3 月 6 日障発 0306 第 12 号.

SNEジャーナル, 28(1), 2022, 76−96

76

原　著

教育事例集に見られる緘黙児認識の変化
─『問題児指導の実際』と『情緒障害教育事例集』に見られる転換─

古殿 真大

（名古屋大学大学院）

　本稿は、1950年代の「問題児指導」から1970年代に「情緒障害教育」に移行した際に、緘黙児に対する認識がどのように変化したのかを明らかにすることを目的とした。

　「問題児指導」においては障害児ではなく問題児として緘黙児を認識しており、さまざまある問題行動のひとつとして口をきかないこと（＝緘黙）を捉えていた。そこでは、緘黙児の問題がパーソナリティ（人格）の問題として理解されていた。他方で、「情緒障害教育」においては、緘黙児を障害児として扱っており、さまざまな問題行動が緘黙であることに起因するものとして捉えられていた。そこでは、緘黙児は情緒の問題を有する存在として理解されていた。

　このように緘黙児に対する認識の違いから、適切だとされる教育実践が異なることを明らかにした。

キーワード

場面緘黙　selective mutism

情緒障害　emotional disturbance

特殊教育　special education

エスノメソドロジー　ethnomethodology

Ⅰ．問題の所在と研究目的

　本稿の目的は、場面緘黙児（以下、緘黙児）の教育の枠組みが「問題児指導」から「情緒障害教育」へと変化したことによって、緘黙児に対する認識や指導のあり方がいかに変化してきたのかを明らかにすることである。そのために2つの教育事例集『問題児指導の実際』『情緒障害教育事例集』の記述を検討する。

　場面緘黙（以下、緘黙）とは、DSM-5によれば、他の状況で話しているにもかかわらず、特定の社会的状況において、話すことが一貫してできない障害である。緘黙は幼少期に発症することが多く、家庭では話すことができるけれど学校では話せないというのが緘黙児の典型例である（American Psychiatric Association 2013=2014）。そして、彼らの多くは通常学級において教育を受けている。

　緘黙はICD-10においては「F94.0 選択（性）緘黙」に分類されており、発達障害として規定される障害のひとつとなっている（World Health Organization 1992=2005）。そのため、発達障害者支援法にも示されているように、緘黙を有する人びとに対して自立及び社会参加のための生活全般にわたる支援が十全に図られるべきである。

　それにもかかわらず、緘黙児のための指導・支援によって彼らの教育が十全に保障されてきたとは言い難い現状がある。久田ら（2016）が述べるように、緘黙児はそれぞれの場面で状態が異なるため、家庭と学校と医療の連携が不可欠であるが、日本の学校教育制度では連携が取りにくいという問題がある。

　このような状況の中で、学校における緘黙児の教育や支援の仕方についての研究が近年蓄積されつつある。特に蓄積が多いのは実践研究であり、緘黙児に対して臨床心理学などの知見を参考にした支援を行うことによって話せることやコミュニケーションが取れることを目指した教育実践が数多く報告されている（園山2017など）。これに加えて、一般向けの書籍も出版されることが増えてきた（高木2017など）。

　しかしながら、近年まで緘黙は「現状では福祉や労働施策の支援や、医療的

な治療、教育支援などを十分に受けていない『忘れられた障害』と言っても良い状況」（久田ら2016 p.31）にあり、これまでの制度や実践を振り返ることが比較的に少なかった。そのため、緘黙児の実践研究や教育についての提言などはなされるものの、これまで緘黙に関する実践の振り返りは、精神医学や心理学を中心とした研究のレビューをするに留まってきた。時期による変遷まで触れたものとしては矢澤（2008）があり、日本では遊戯療法や行動療法が緘黙研究の初期から行われていることを指摘している。また、そのようなレビューでは、緘黙が不安と関連し複合的要因・異なる成因で生じるものであるという認識が初期の研究から一貫していることも指摘されてきた（角田2011など）。しかし、第一に精神医学や心理学の研究として報告されてきたもの以外の実践は振り返ってこなかった。第二に、現在の視点から過去の実践と現在との共通点・相違点についての表層的な検討に留まってきたという問題がある。

　そこで、本稿では学校における緘黙児教育の一端を記述することを試みる。緘黙児教育は1965年の「心身障害児の判別と就学指導」（文部省1965）によって開始したと考えることができる。この「心身障害児の判別と就学指導」では、玉井収介が情緒障害の項目の執筆を担当しており、情緒障害のうちの一つとして緘黙を挙げている。その後、1967年に「児童生徒の心身障害に関する調査」が実施され、情緒障害児が63,717名おり、そのうちの8,358名が「緘黙の疑い」があることが判明した。そして1973年に各学校において情緒障害児に対する指導を適切なものとしていくためにいくつかの事例を集めて作成した「情緒障害教育事例集」が出版されている。なお、現在では前述したように、情緒障害だけではなく発達障害の一つともなっている。

　また、特殊教育としての緘黙児教育の前史として1953年の『問題児指導の実際』に見えられる実践を挙げることができる。これは、どの学級にも存在する「問題児」を指導した実践記録を文部省が編纂したものである。それらの実践記録から、「問題児」を指導していくにあったって、有益な示唆をくみ取ることが可能であると述べられている。そして、『問題児指導の実際』の項目の一つに「口をきかないこどもについて」があり、前書きを高木四郎（国立国府台病院精神科医長兼国立精神衛生研究所研究部長）が著している。そこで高木は「口をきかない」ことを「緘黙」と呼んでいる。そして、口をきかない原因

を（1）ろうあ、（2）白痴、（3）発声器官および脳の言語中枢の疾患、（4）精
神病または神経症による緘黙、（5）情緒的障害の5つに大別する。そのうえで、
「数からいって、最も多数を占めており、教育的に問題となしうるのは、第五
の情緒的障害による場合であり、普通に遭遇するものの大部分はこれである」
（文部省1953　P.3）と述べ、実践報告の事例をすべて情緒障害による事例とし
て位置付けている。このような緘黙を情緒障害と関連付けて教育的な問題とし
てとらえる視点は、後の特殊教育における情緒障害教育に連続するものである
と考えられる。

　そこで本稿では、緘黙児の教育が制度化された『情緒障害教育事例集』とそ
の前史にあたる『問題児指導の実際』における実践報告を対象として、緘黙児
の教育が情緒障害教育として扱われることで生じた緘黙児に対する認識や指導
のあり方の変化を明らかにする。

Ⅱ．時代背景と資料の選定

　1960年代前半から1970年代の前半にかけて徐々に情緒障害児の教育を保障
するための取り組みがなされ、環境が整備されてきた。緘黙児が特殊教育の対
象となったのもこの時期からである。緘黙児に対する認識や指導のあり方がい
かに変化してきたのかを明らかにするという本稿の目的に適う資料を提示する
ために、まずは全国情緒障害教育研究会（2017）を参照しつつ、情緒障害教育
の歴史的展開を整理しておく。

　「情緒障害」の語が初めて使われたのは1961年に一部改正された児童福祉法
においてである。しかし、この一部改正された児童福祉法においては「情緒障
害」の定義については示されておらず、具体的にどのような障害を指すものな
のかは判然としていなかった。また文部省が「情緒障害」の語を使用するの
は、1965年の「心身障害児の判別と就学指導」である。ここで情緒障害が「い
わば感情的、情緒的なもつれ、あつれきに起因する行動上の異常」として定義
されている（文部省1965 p.50）。ただし、文部省（1965）も指摘するように、
言葉の上では明瞭に定義することができたとしても、具体的な事例について情
緒障害かどうかを明瞭に判別することは困難である。

　1967年には「児童生徒の心身障害に関する実態調査の報告書」が作成されており、この調査ではじめて「情緒障害」が調査対象となった。また、この調査における情緒障害児の類別基準に「知能は普通かそれ以上」や「明確な身体的な障害（病気や欠陥）をもたないもの」などがあり、「心身障害児の判別と就学指導」の定義を踏まえたものとして解釈できる。この調査の目的は特殊教育等の振興施策に役立てる基礎資料を整備することであり、情緒障害児の教育を保障するための方途を探るためのものとして理解することができるだろう。

　このように、1960年代は情緒障害児の教育を文部省が模索している段階であり、情緒障害の定義も情緒障害児の処遇も定まっていなかった時期であった。1970年代に入ると、情緒障害児の定義や処遇について一般に知らしめ実践していく段階に移行していく。そうした活動のひとつとして、1970年に行われた全国の指導主事を集めて情緒障害に関する伝達と講習会を見ることができる。

　こうして、情緒障害児を教育するための環境が少しずつ整えられており、情緒障害児の教育保障も進められてきた。しかしながら、依然として、「情緒障害教育における指導内容・方法にはまだまだ研究、工夫すべき余地があり、また情緒障害という障害の内容自体が未だ明確にされていないなど、基本的な点において明らかにすべき点がある」（文部省1973 p.3）という状態であった。

　このような状況のもとで1973年に『情緒障害教育事例集』が発行される。情緒障害の内容自体が明確にされていないという問題意識が『情緒障害教育事例集』にはあるにもかかわらず、情緒障害が「まだ、その定義が明らかになった言葉ではない」（文部省1973 p.1）とし、ここでも明確な情緒障害の定義をしていない。しかし、このことは『情緒障害教育事例集』において情緒障害が何であるかを示していないことを意味しない。確かに、『情緒障害教育事例集』でも情緒障害の定義をするとして「それでもなおかなり抽象的であることをまぬがれない」（文部省1973 p.5）としている。そこで「理解を一層ふかめるために」採られる方策が「いくつか子どもの事例をのせること」である（文部省1973 p.5）。ここで強調しておきたいのは、『情緒障害事例集』が行っていることは、単に事例を列挙しただけではないことだ。それだけではなく文部省は、教育実践の事例を提示することによって、実践を組み立てるための資料を提供

している。つまり、情緒障害児に対する事例を示すことによって、彼らに対する教育のあるべき姿を示しているのである。実際に『情緒障害教育事例集』では次のように述べられている。すなわち、「情緒障害児の実態は多様であり、また複雑な条件のもとにあるのでここに掲げた事例は、その参考となるものの一部である」（文部省1973 p.3）と。文部省は情緒障害を厳密に定義するのではなく、情緒障害児に対する教育実践の事例の記述によって「情緒障害」概念の用法を示したのだと言えるだろう。

　以上の背景を踏まえて、本稿では『情緒障害教育事例集』と情緒障害教育以前の事例を集めている『問題児指導の実際』の検討を行う。改めて教育事例集を検討の対象とする理由を整理すると次のようになる。

　その理由の第一は、教育事例集に示される教育実践は、実際に行われた教育の記録であるという点に求められる。これは、本稿で検討するものが当の時代の当の実践に携わる人たちの実践であることを意味する。文部省や研究者によって用いられている概念の論理文法と教育現場での概念の論理文法が異なっている可能性がありうる。たとえ文部省や研究者が望ましい障害児教育の在り方を示したり定めたりしていたとしても、実際の現場においては別様な実践が行われる場合もありうるのである。そのため、実践者による記録を参照する必要があり、その条件を満たすのが教育実践である。

　理由の第二は、単なる教育実践の記録ではないことに求められる。たとえば『問題児指導の実際』でも述べられていたように、実際の指導に際して「なんらかの有益な示唆を汲みとることが可能」（文部省1953 p.3）だとされるものでもある。つまり、本稿の関心に即して述べれば、緘黙児の教育実践を説明したものであり、それは「緘黙児」概念の論理文法を示したものとなっている。

Ⅲ．分析の方法：エスノメソドロジーという視点

　本稿では、緘黙児の教育の特徴を明らかにするうえで、当の教育実践に携わる実践者の視点から教育実践を記述していくことを目指す。そのため、現在の基準からみて、分析の対象とする教育実践が適切かどうかなどについては関心の外にある。そうではなく、当の教育実践に携わる人々が、緘黙児とそれ以外

の子どもをどのように区別し、彼らをどのように意味づけているのかを検討する。当の時代の当の実践に携わる人たちの視角において理解し、実践に即した記述をすること、これが分析の視点となる。

　この視点をとるのは、すべての時代に共通の「緘黙」という概念が存在しないからである。「緘黙」は時代によって少しずつ意味を変化させてきている。緘黙児教育がたどってきた経路を明らかにするためには、その時代の文脈に即して実践を記述しなければならない。

　その際に参考になるのが、社会のメンバーがもつ、日常的な出来事やメンバー自身の組織的な企図をめぐる知識に関心を寄せるエスノメソドロジーと呼ばれる研究群である。その中でも本稿に特に有用なのが、概念の論理文法（Coulter 1979=1998 など）と「カテゴリーと結びついた活動」（Sacks 1972a）という発想である。

　まず確認しておきたいのは、その時代の文脈に即して緘黙にかかわる実践を記述するためには、「緘黙」の定義や制度だけではなく用法を検討しなければならないということだ。たとえば、「私は緘黙です」と述べた場合に、それが返事を返せないことの弁明であったり、自分の特徴を示す自己紹介であったりする。このように、「緘黙」の定義が同じであったとしても、意味が異なる場合がある。そのため、その時代の文脈に即して実践を記述しようとしたときには、概念の用法を記述することが不可欠である。

　ある概念とほかの概念との結びつきを概念の論理文法と呼ぶ。この論理文法は、経験的な事実をそれとして理解させるようなものである。そして、概念の用法を記述するということは、ある概念がほかの概念や活動とどのように結びつき、どのように行為や推論を理解可能にするのかを記述することである（前田2007）。このように捉えるのであれば、概念の論理文法を記述することによって、検討する時代の文脈に即した記述が可能となるだろう。

　本稿の分析で特に着目したいのは、あるカテゴリーは特定の活動と結びついていることだ。Sacks（1972a）は「赤ちゃんが泣いたの。ママが抱っこしたの」という言葉を検討している。そこで、赤ちゃんを抱っこしたママがその赤ちゃんのママであることや、ママが赤ちゃんを抱っこしたのは赤ちゃんが泣いていたからだというようなことが文字通りには言われていないけれども理解可能で

ある。また、文字通りに言われていないにもかかわらず、この結びつきによってそう聞くのがもっともらしい出来事の記述となる。このように、カテゴリーと特定の活動の結びつきが行為や出来事を理解するときの前提となっている。これが「カテゴリーと結びついた活動」という発想である。

　以上の議論を踏まえると、本稿では分析の対象とする時代の文脈において実践を記述する。その際、概念の論理文法を記述することでその用法を示すこととする。特に着目されるのはカテゴリーと結びついた活動であり、どのような活動と結びつけて「緘黙」概念を用いているのかを明らかにしていく。

Ⅳ．分　析

1.「緘黙」と何が結びつくのか

　まず、口をきかない子がどのようにカテゴライズされているのかを検討する。『問題児指導の実際』においては、緘黙児は「問題児」として扱われている。そこで「問題児」と対置される存在として想定されるのは「普通児」であり、｜問題児、普通児｜という「カテゴリー集合」（Sacks 1972b）が参照されている。『情緒障害教育事例集』においては、緘黙児を「情緒障害児」として扱っており、｜障害児、健常児｜というカテゴリー集合が参照されている。

　このような違いは、カテゴリーと結びついた活動という観点からも確認することができる。以下では、『問題児指導の実際』と『情緒障害教育事例集』の断片から、上述のカテゴライズが理解されることを示していく。断片①は『問題児指導の実際』に掲載された教師の実践報告の一部である。

【断片①　『問題児指導の実際』pp.8-9】
　　A君は「A君」と呼ばれても、わたくしから視線をそらしたまま、むっとして返事をしなかった。そして気に入らぬことがあると、机や柱にしがみついて泣き、わたくしの顔をにらみつけた。また、パンツのままで放尿するしまつであった。
　　四月十日のこと、やっとA君をなだめすかして「A君」と呼ぶと、A君はわたくしのほうをちらっと見て「はい」と返事をした。ところがわたく

しもびっくりしたが、こどもたちの間に爆笑のあらしが巻き起ったのである。A君の声は、ほとんどこどもにはきかれないほどのバス（低音）で、否、むしろ、ひしゃがれたがまのような声といったほうが適切であろうと思われるほどの声だった。それからはほとんど口をきかないようになった。

　A君はまた、決して口をきかないのみならず、学習にも参加しようとしなかった。休憩時もいすにすわったまま、ぼんやりしていて遊ぶことをしなかった。それでいて家に帰ると、別人のように、弟や、祖母を相手にはしゃぐのである。

　この記述では「視線をそらしたまま、むっとして返事をしな」い、「気に入らぬことがあると、机や柱にしがみついて泣き、わたくしの顔をにらみつけ」る、「パンツのままで放尿する」といったA君の行動を列挙する。そして、こうした行動群に対して、「するしまつであった」と否定的な評価を下し、返事をしなかったり泣いたり放尿したりすることが正常な程度のものではないものとして示している。そしてA君が口をきかなくなったエピソードをさしはさむことで、直接の口をきかなくなった原因を指し示している。

　そのうえで、A君の特徴を提示する。「決して」口をきかないというように、A君の「口をきかない」という状態が固定的なものであることを強調しつつ、それ「のみならず」学習にも参加しようとしなかったとして、「口をきかない」という行動とは別の問題行動として「学習にも参加しない」ことを挙げている。それに付け加えて、休憩時「も」遊ぶことをしないと述べることで、授業時や休憩時という学校の時間においては活動に参加しないものとしてA君の特徴を理解できる記述となっている。この学校の時間と対比されるのが家庭の時間であり、そこでは「別人のように」はしゃぐというように、学校と家庭で大きく様子が異なっていることが報告されるのである。

　このようにみてくるならば、「口をきかず、学習に参加しない子」という題が付されているのは、A君を障害児としてカテゴライズしているというよりは、A君が問題行動をする児童であり、その行動の一つを緘黙として理解していたというように見られるだろう。

　次に、情緒障害教育において「問題行動」の記述を検討する。抜粋②は教師による「口をきかない」Mさんの事例報告の導入である。ここではMさんにどのような特徴があるのかが説明されている。

【抜粋②　『情緒障害教育事例集』pp.79-80】
　　入学式の朝、出席を確かめるために名前を呼んでいた。そのうちにひとりの女の子が泣きだした。そのうちにひとりの女の子が泣きだした。その子がMさんである。「どうしたの」と私が何をきいても答えようとしない。顔の表情がこわばっていたのが印象的であった。返事をするのがいやで泣いていたのだ。
　　Mさんは、入学式から一週間過ぎてもひと言もしゃべらない。声をかければ下を向き、かたい表情になってしまう。授業中は、じっと自分の机に坐っていて、おもしろい話をしてもにこりともしない。時おり「M子ちゃん」と声をかけても、じっと私の顔を見つめているだけで答えようとしない。その顔は能面のようであった。休み時間になっても、友達の遊びを遠くから見ていたり、机にじっと坐っていたりして遊びの仲間には入ろうとしない。
　　三週間目頃から行動に少し変化が見られるようになった。休み時間になると、ひとりで外に出て他の子がいないと鉄棒ぶら下がったり、前まわりなどしているようすが見られるようになり、そのうちにブランコに乗ったり、校庭の地面に絵などを描いている姿なども目にうつった。しかし、いつも一人でいて、他の子がくるとすっとほかへ行ってしまう。
　　このような学校では、口をきかないMさんも、家では別人のように元気がよい。大きな声を出して母親と話しているMさんをみていると、学校でのようすが嘘のようである。このような元気で明るいMさんも、私が家庭訪問して話しかけると、急にだまりこんでしまうのである。

　「何をきいても答えようとしない」「ひと言もしゃべらない」といった行動が、Mさんの「口をきかない」という問題行動として挙げられている。こうした記述から、Mさんが実際に口をきいていないことがわかる。

　しかし、ここで注目したいのは、「口をきかない」以外の問題行動である。抜粋②では入学式で「泣きだす」、「面白い話をしてもにこりともしない」、「遊びの仲間には入ろうとしない」、「いつも一人」でいるといったMさんの学校での様子も併せて記述されている。これらは「口をきかない」行動の一環として解釈される。「泣きだす」Mさんに対して事情を聴いても返答がないことや表情がこわばっていることから、「返事をするのがいや」という「泣きだす」原因が特定される。「にこりともしない」ことは、声をかけても「下を向き、かたい表情になってしまう」ことや「じっと私の顔を見つめているだけで答えようとしない」ことと併記することで、応答がないことの例示となっている。そのため、「口をきかない」ことと類似した事例となる。「遊びの仲間に入ろうとしない」ことや「いつも一人」でいることは、行動の「変化」ではあるものの、依然として他児とコミュニケーションをとっていない様子として見て取れる。以上のように、「口をきかない」以外の問題行動であっても「口をきかない」ことと関連する記述となっており、「このような学校では、口をきかないMさん」というように総括される。Mさんのさまざまな様子が「口をきかない」様子として同定されているのである。

　「問題児指導」では様々な「問題行動」が「口をきかない」こととともに列挙されており、様々な「問題行動」が「口をきかない」ことに還元されないものとして認識されていたと考えられる。そのため、実践報告の事例においては「口をきかない」こと（＝緘黙）が特徴的な問題のひとつではあるものの、A君の問題が緘黙であることに回収されるわけではない。そのため、「緘黙児」として扱ったというよりは「問題児」として扱ったものとして考えられる。これに対して、情緒障害教育では、児童のさまざまな行動を「口をきかない」ことと関連することとして認識していた。こちらにおいては「口をきかない」こと以外の行動もあるが、それらは「口をきかない」ことに関連して理解される行動として記述されていた。そのため、「緘黙児」として扱ったものとして捉えられる。

2.「情緒障害」とは何だったのか

　子どもの行動が「問題行動」であるとされると、その原因が追究されること

となる。そして、その原因によって子どもに対する教育の方法が変わってくる。ただ、行動の原因とされるものは普遍的なものではなく、社会や時代によって変化している。

　以下の引用は『問題児指導の実際』からの抜粋である。抜粋③のA君は「口をきかない子」であり、ここではA君が「口をきかない」状態になった原因の考察がなされている。

【抜粋③　『問題児指導の実際』pp.9-10】
　一〇　原因の追究
1　パーソナリティ形成の基盤である乳幼児期において、祖母の盲愛により、わがままいっぱいに育ち、保護されすぎて、意志の統制も、努力や忍耐の協調も育成されなかった。その上、近所にひとりの友達もなく、遊び相手は祖母と小さな弟だけで、非常に社会性に欠けていたので、入学式当日は、学校その他の環境に大きな圧力を感じた。さらに祖母はA君の入学の日が近づいたので、急にA君の行動に悪いところがあると、学校の先生にしかられるぞと教えていたので、学校は決して楽しい場所でなく、先生も恐ろしいおとなと思っていた。

2　A君は入学前までに、文字も歌の一つも祖母に教えてもらってはいなかった。その上、近所の子との交じわりもないので、ほとんど何も知らないで入学した。入学したばかりのA君は、教師や級友との遊びや話合いや、すべての教科に興味もなく自信もなかった。A君にとって学校というところは、自分の無力をさらけ出す所となり、大きな圧力を感じ、劣等感情を深めていった。

3　四月十日にはじめて、勇気を出して「はい」と返事をしたが、その声が級友のあざけりとなり、A君はますます自信を失った。

4　気に入らぬことがあると、泣きわめく、放尿するというのは、就学前に自分の欲望を満たす手段としていたので、学校においてもその行動を再現しているものと思われる。

5　身体検査（遺伝も含めて）や知能検査の結果、特に注意すべき点は見受けられない。

　抜粋③でA君の問題行動がパーソナリティの問題に起因するものであるとする考察が示されている。祖母の盲愛のもとで教育を受けたA君の問題の基礎は、「意志の統制も、努力や忍耐の協調も育成され」なかったことである。

　「意志の統制も、努力や忍耐の協調も育成され」なかったと述べるのみならず、それが乳幼児期のことであると指摘している。そして、ここで乳幼児期は「パーソナリティ形成の基盤」として意味づけられている。つまり、乳幼児期にはパーソナリティ形成の基盤が築かれるべきであるにもかかわらず、A君にはそれができていないという推察が展開されているのである。そして、パーソナリティの未熟さを主として「非常に社会性に欠けていた」ことが問題として付言されており、それが問題行動の原因として提示されている。

　そして、パーソナリティの問題と関連して学校の環境についても言及されている。A君にとって学校は「圧力」を感じる場所であり、「劣等感情」や「自信を失」ってしまうような場所として提示される。このように「劣等感情」や「自信」といった情緒が、パーソナリティを経由して問題行動と結びついているのである。

　こうして、「口をきかない子」であるA君の問題の主な部分はパーソナリティ形成の問題であり、興味や自信がパーソナリティに関連するものとして位置づけられている[1]。

　他方で情緒障害教育においては、「口をきかない」ことの問題はパーソナリティと直接に結びついたものとして認識されていない。次に示す抜粋④は『情緒障害教育事例集』の記述である。抜粋④は、「口をきかない」Mさんを教員が観察した記録とそれについての考察である。

【抜粋④　『情緒障害教育事例集』p.81】
　　観察メモは、Mさんにも他の子どもにも気づかれないように注意して書いていった。観察メモをとることは、それだけ子どもの行動をしっかり見つめることになり、Mさんの行動を理解する上に役立った。次に観察メモの中からいくつかを拾ってあげてみる。

月日	事実の記録	考察
4/6	・入学式の時名前を呼んでいると泣きだす。	
4/8	・家に帰りたいといって泣きだす。 ・ひとりでいるのが淋しいと言って泣きだす。	・母親からの連絡で泣いた理由が分かる。
4/10	・自己紹介、自分の番が近くなるにつれてそわそわ。そのうちに泣きだす。	・みんなの前で声を出すことの不安。
4/16	・休み時間、みんな外で遊ぶ。Mさんだけ教室に残っている。元気のない顔。M子ちゃんと呼ぶ、聞こえているのに、聞こえていないふりをしている。	・遊びたい気持ちはあるようだ。 ・対人関係の不安
4/20	・友達が話しかける。「どきっ」とするようすがわかる。	・緊張感があるように感じられる。
4/22	・外でひとりで土いじりをしている。落ち着いた感じを受ける。 ・鉄棒にぶらさがる。	・ひとりでぽつんとしている時が安定感がある。

　抜粋④では特に、事例報告を行った教員がMさんの行動に「考察」を加えている箇所を検討したい。「家に帰りたいといって泣きだす」「ひとりでいるのが淋しいと言って泣きだす」という「事実」については「母親からの連絡で泣いた理由が分かる」と述べられる。ここでは、母親の連絡の内容についての記述がないためMさんが泣いていた直接の理由については読み取れない。ただし、泣いていた理由の根拠となるのは「母親からの連絡」であり、Mさんの「家に帰りたい」や「ひとりでいるのが淋しい」といった主張ではないことは分かるだろう。Mさんの「家に帰りたい」や「ひとりでいるのが淋しい」といった主張は泣くことの理由とは無関係であると断定することはできないが、少なくとも理由を理解するための根拠としては不十分なものとして扱われている。

　その一方で、情緒に関することはMさんの行動を理解するための根拠として十分なものとして扱われている。自己紹介のときに「そわそわ」したり「泣きだ」したりすることは「声を出すことの不安」によって、教室にひとり残ったり自身を呼ぶ声を聞こえていないふりをしたりすることは「遊びたい気持ち」はあるものの「対人関係の不安」があるといった不均衡な状態によって説

明される。Mさんの行動を説明する要素として情緒に関する事柄が記述されるべきものとなっているのである。

　また、そうした情緒の問題は場面によって異なるものである。「友達が話しかけ」たときの様子と「外でひとりで」いるときの様子を対置して、それぞれを「緊張感がある」、「安定感がある」と評価している。このように、Mさんが抱えている問題は場面に依存するものとして提示されている。

　「問題児指導」においても「情緒障害教育」においても、「恐ろしい」や「不安」といった情緒が問題行動と関連するものであった点で共通していたと言える。ただし、「問題児指導」においては、パーソナリティを経由することで情緒と問題行動が結びついていたのに対し、情緒障害教育においてはパーソナリティを経由せずに結びついていた。そうすることによって、「問題児指導」では問題（パーソナリティが未熟であること）が固定的であったのに対して、「情緒障害教育」では場面依存の変動的な問題となっていた。

3.　指導の方針

　「問題行動」をする子どもはその原因に即して教育される。そのため、「口をきかない」子どもに対してなされた教育には、「口をきかない」ことの原因に対する認識が強く反映されている。

　抜粋⑤は『問題児指導の実際』において報告された教育の一部であり、抜粋③の後の記述である。このほかにも「口をきかない」A君に対して教育が施されているが、この箇所では特に「口をきかない」原因をパーソナリティ形成の問題として認識していたことが明瞭に見て取れる。

【抜粋⑤　『問題児指導の実際』pp.14-15】

　5　十一月六日。カルタ遊びをグループごとに何度もくり返しているうちに、A君が二枚とったのを見て驚いた。さっそく全児童の前で、拍手をしてほめた。みんなも拍手した。A君はにっこり笑った。わたくしは放課後両親にきょうのカルタのことを話して、家でもほめてやるように頼んだ。次の日A君は五枚もとった。今度はカルタを持って帰らせ、家でおけいこするようにいいつけた。A君は喜び勇んで帰った。その後すぐ

にA君の家に出かけてみて、わたくしは思わず「あっ」と叫んだ。A君
は両親を相手にカルタ取りに夢中になっていたからである。はたして、
三日四日経つと、七枚・八枚・十枚と枚数がふえていった。四日目には
A君のために、特別の規則を設けた。カルタをとるときに必ず「はい」
ということを約束した。するとA君のあのバスが「はい」「はい」聞こ
えてきたのである。だれも真剣で、A君の声を笑う者はひとりもいな
かった。カルタ遊びの最後の日、みんなと相談の結果、グループごとに
選手を一名ずつ出して競争することになったが、A君がかれのグループ
から選ばれたことは、級友を驚かせてしまった。A君はこの単元が終る
ころには十以下の数の加減もどうやらできるようになった。しかし、こ
れ以上のA君の収穫は、教師・級友・教科に対して自信を持ち、僕もで
きるのだという確信をいだくに至ったことである。もちろんこの単元を
契機として、わたくしの問に対して何の不安動揺もなく答えるし、級友
もあざけることなく、A君が口をきくようになったのはいうまでもない。

　ここではA君が口をきくようになった契機としてカルタ遊びによる指導の経
過が描かれる。この経過の記述で特徴的なのは、現在において話すことと関連
していると考えられる指導は「カルタをとるときに必ず『はい』ということを
約束した」としか述べられていないことである。その代わりに紙幅を割いて記
述されるのは、「にっこり笑う」「喜び勇んで」「夢中になって」というように
A君が学校のカルタ遊びに興味を示していることである。それに加えて、この
カルタ遊びがA君の口をきく契機になったのは「教師・級友・教科に対して自
信を持ち、僕もできるのだという確信をいだくに至った」からであると説明さ
れる。
　抜粋③の分析で見てきたように、「興味」や「自信」はパーソナリティ形成
とかかわる概念であった。そのため、ここでのA君の変化はパーソナリティ形
成と結びつけた記述となっている。
　パーソナリティの問題が原因であることは事例報告に対するコメントにおいて
も追認されている。抜粋⑥はこの事例報告に対する高木四郎のコメントである。

【抜粋⑥　『問題児指導の実際』p.15-16】

　　この事例に対する解釈のしかたは、概して妥当であると思う。やはりこの児童の問題のいちばん大きな原因は、祖母の盲愛と遊び相手のいなかったことによってパーソナリティの成熟が遅れたことであろう。いわゆる「おばあさん子」の典型的なものである。さらに入学気が近づくにつれて、無教養な祖母は今までわがままいっぱいに育ててきたのに、「そんなことをすると先生にしかられる」と言ってしつけを始めた。これがために、入学前から学校および教師に対する恐怖心・警戒心が植えつけられ、学校という新しい環境に対する適応を著しく困難にした。さらに入学早四月十日の事件がこれに拍車をかけた。

　ここで、パーソナリティの問題が「いちばん大きな原因」であることが追認されている。加えて、祖母の盲愛のみならず、遊び相手がいなかったこともパーソナリティの問題に回収されていることは見るべき点である。そして、パーソナリティの成熟が遅れるような教育をしていたにもかかわらず、祖母のしつけによって学校・教師に対する「恐怖心・警戒心」が植えつけられ、学校での適応を著しく困難にしたという。そして、四月十日の事件はこれに拍車をかけるものとして記述される。事例報告だけでなくコメントにおいても、パーソナリティの未成熟を最も重要な問題として位置づけたうえで、その他の問題をパーソナリティの成熟の遅れからなる問題系として扱っている。

　以上で見てきたように、「問題児指導」においては、興味や自信を持つことすなわちパーソナリティの成熟が「口をきく」ことと関連することとして認識されていたと考えられる。

　他方で情緒障害教育では「口をきかない」原因である情緒と関連する教育を行ったことが報告されている。

【抜粋⑦　『情緒障害教育事例集』p.83-84】

　　Mさんの緘黙の原因をつかみ、指導の方針をたてるために全職員による全体事例会議を持つ（毎月1回全体事例会議を持ち、指導方針を決定したり、指導経過の分析を行ったている（原文ママ））。

　この研究会議に出された意見をまとめると、次のようである。

①　入学したばかりで、学校の環境になれないためではないか。

②　幼稚園でもしゃべらなかったことを考えると、Mさんの持つ性格的なものの中に原因があるのではないか。

③　幼児期の生活経験、特に遊びの経験の乏しさが大きな原因ではないか。

④　幼児期に遊びの仲間に入れなかったのはなぜだろうか、親の態度を分析してみる必要がありそうだ。

⑤　緊張感の非常に強い子のように思われる。素質的なものと判断してよいと考えられるが、この点についての意見が分かれる。

　以上のようなさまざまな意見を検討した結果、次の4つの指導方針をたてた。

（4）指導の方針

①　新しい環境、特に対人関係に非常に不安感を持っている。したがって学級のふんい気を明るく受容的なものにしていく。

②　対人関係に不安感があるので、まず教師とMさんの関係が密接なものになるように努力する。そのために、遊びを通して心のふれ合いが持てるようにする。

③　しゃべることへの自信をなくしているので「ハイ」というかんたんな言葉からでもしゃべれるようにしていく。この自信づけをしっかりするように努力する。

④　心の緊張がかなり強い。校内教育相談室を活用して、心の緊張をときほごすようにする。（週1回〜2回　担当　T教諭）

　「学校の環境になれない」「性格的なものの中に原因がある」「生活経験、特に遊び経験の乏しさ」「親の態度」「素質的なもの」などMさんが口をきかない原因がさまざまな観点から検討されているように見える。

　しかし、そのように検討されてきた原因を検討した末にたてられた指導方針はどれも不安や緊張に関連するものである。「学校の環境になれない」という問題は新しい環境に対する「非常に強い不安感」として理解され、学級の雰囲

気を「明るく受容的なものにしていく」というように情緒に関連する対応へと回収されていく。「生活経験」や「遊びの経験」は心のふれ合いをするものだと解釈され、それがないことが「対人関係に不安感がある」Mさんの問題にされている。しゃべれないことは「自信をなくしている」ことで説明され、「自信づけ」という対応が取られる。また、Mさんの性格は「心の緊張がかなり強い」というように情緒的な面が記述され、心の緊張を「ときほごす」ことが問題解決につながるものとして理解されている。このように、原因はさまざまにあったとしても、それが情緒の問題として解釈されるがゆえに、指導方針においても情緒的な対応が提示される。

V. 考　察

　これまで、「問題児指導」と「情緒障害教育」の時代において緘黙児の教育実践に携わる実践者の視点から教育実践を記述してきた。その結果、「問題児指導」においては、「口をきかない子」として表象されていたとしても「緘黙児」というよりは「問題児」として捉えられていたことを明らかにした。そして、その「問題」がパーソナリティ（人格）の問題として理解され、パーソナリティ形成によって「問題」が解決されていた[2]。

　他方で「情緒障害教育」においては、さまざまな行動が「口をきかない」ことの説明として組織されており、「緘黙児」として扱われていることを指摘した。そこでは「口をきかない」ことが情緒の問題として捉えられており、「こころの緊張」のような情緒の問題に対応することによって、「問題」が解決されていた。

　最後に、本稿によって明らかにされた知見から、「問題児指導」から「情緒障害教育」へと移行したことの功罪について考察したい。

　まず、情緒障害児教育において情緒に着目し対処するようになったことは、心理療法の発展と軌を一にしていると考えられる。抜粋⑦の記述で「遊びを通して心のふれ合いが持てるようにする」や「『ハイ』というかんたんな言葉からでもしゃべれるようにしていく」とあるように、遊戯療法や行動療法と類似した教育が企図されている。これは、緘黙児への対応の発展が教育においても

見られるという点で移行の功績だと言えるだろう。

　しかし、こうした対応の変化は、問題点も含んでいると考える。「問題児指導」においては、家庭訪問などをして家庭の教育環境を整えたり、学校のカルタ遊びのような通常の教育の中で緘黙児のための工夫がなされたりしていた。そこでは、緘黙児に対する働きかけというよりも周囲への働きかけが主であったと言えるだろう。それに対して「情緒障害教育」においては、環境などに関することも緘黙児の心理の問題として解釈される傾きがあり、緘黙児に対する働きかけへと重心が移動している。そこでは、抜粋⑦に見られるように、教師との「遊びを通して心のふれ合いが持てるようにする」ことや、「校内教育相談室を活用」することが求められる。こうした活動は健常児には求められない特殊な活動であり、緘黙児のみに課される負担である。この点で、情緒障害教育への移行は緘黙児に負わせる負担の増加という罪過を有していると言えるのではないだろうか。

注

　1）抜粋③からは、興味や自信などの情緒がどのようないかにしてパーソナリティと接続されているのかまでは読み取ることができない。しかし、この実践に対してコメントをしている高木は、その著書において、人格（パーソナリティ）は成長と経験の所産であり、その過程で感情が主役を演じると述べている（高木1951 p.143）。

　2）今回の分析では教師が意識的にパーソナリティ形成のための教育を行っていたのかまでは分からない。ここで重要な点は、パーソナリティの形成のための教育が意識的な取り組みであったか無意識的な取り組みであったかということではなく、行われた教育がパーソナリティ形成と関連するものとして理解できることである。また、抜粋⑥の高木のコメントでも、そのような理解が共有されていることが見て取れる。

文献

American Psychiatric Association（2013）*Diagnostic and Statistical Manual of Mental Disorders, Fifth Edition*, American Psychiatric Publishing.（＝ 2014, 高橋三郎・大野裕監訳,『DSM-5 精神疾患の診断・統計マニュアル』医学書院.）

荒川智（2020）「特別ニーズ教育とインクルーシブ教育」日本特別ニーズ教育学会編『現代の特別ニーズ教育』文理閣, 24-32.

Coulter, Jeff（1979）*The Social Construction of Mind: Studies in Ethnomethodology and Linguistic Philosophy*, London: Macmillan.（西坂仰訳, 1998,『心の社会的構成：ヴィ

トゲンシュタイン派エスノメソドロジーの視点』新曜社.）

久田信行・金原洋治・梶正義・角田圭子・青木路人 (2016)「場面緘黙（選択制緘黙）の多様性：その臨床と教育」『不安症研究』8(1), 31-45.

前田泰樹 (2007)「概念の論理文法」前田泰樹・水川喜文・岡田光弘編『ワードマップ　エスノメソドロジー』新曜社, 51-56.

文部省 (1953)『問題児指導の実際』.

──── (1965)『心身障害児の判別と就学指導』.

──── (1973)『情緒障害教育事例集』.

Sacks, H. (1972a) "An Initial Investigation of the Usability of Conversational Data for Doing Sociology," Sudnow, D. ed., *Studies in Social Interaction*, New York: Free Press, 31-74.（北澤裕・西坂仰訳, 1989,「会話データの利用法：会話分析事始め」G. サーサス・H. ガーフィンケル・H. サックス・E シェグロフ『日常性の解剖学：知と会話』マルジュ社, 93-173.）

──── (1972b) "On the analyzability of stories by children," Gumperz, J. J. and D. Hymes (eds.), *Directions in Sociolinguistics: The Ethnography of Communication*, New York: Holt, Reinhart and Winston, 329-345.

園山繁樹 (2017)「選択性緘黙を示す小学生の担任、母親および特別支援教育コーディネーターへのコンサルテーション」『障害科学研究』41：195-208.

高木潤野 (2017)『学校における場面緘黙への対応：合理的配慮から支援計画作成まで』学苑社.

高木四郎 (1951)『学校精神衛生』明治図書出版.

World Health Organization (1992) The ICD-10 Classification of Mental and Behavioural Disorders: Clinical descriptions and diagnostic guidelines, World Health Organization.（= 2005, 融道男・中根允文・小見山実・岡崎祐士・大久保善朗監訳『ICD-10 精神および行動の障害──臨床記述とガイドライン　新訂版』医学書院.）

全国情緒障害教育研究会 (2017)『全国情緒障害教育研究会からみた自閉症教育のあゆみと今後の展望：50 年の歴史を振り返って』ジアース教育新社.

SNE ジャーナル，28(1)，2022，97 - 109

資　料

登校をめぐる教員の支援の様相
―小学校の児童生徒支援加配教員の仕事の検討から―

山口 真美

(松山東雲女子大学)

　本稿の目的は、指導上特別な配慮を要する子どもが多く在籍する学校に配置されている児童支援加配教員による登校支援を取り上げ、その仕事の様相を明らかにすることである。

　現在、小中学校には多くの長期欠席者が存在するが、そのような課題は社会経済的に厳しい校区を持つ学校に偏在して現れることが予想される。しかし、課題の地域的偏在性と教師の仕事への影響を踏まえたうえで、個別教師の具体的な支援を記述する研究は不十分である。

　そこで本稿では、児童生徒支援加配教員に着目して、長期欠席者を発生させないために、学校がどのような状態の子どもに対して、どのような支援を行っているかを、フィールドワーク調査に基づき描き出した。

　調査の結果、児童生徒支援加配教員は、子どもの特性等ではなく、「朝学校に来られていない」という状況への対応として支援を実施・展開していた。また、欠席する可能性の高い子どもたちをリストアップして毎朝確認し、不在の場合は電話をしたり迎えに行ったりするという、支援の必要な子どもの情報共有の中核を担い、学校内外を問わず臨機応変に支援を行っていることが明らかとなった。

キーワード

登校支援　Support for attending school

校区の社会経済的背景　Socio-Economic Background of School District

小学校　Elementary School

Ⅰ．問題の所在

　本稿の目的は、指導上特別な配慮を要する子どもが多く在籍する学校に配置されている児童支援加配教員による登校支援を取り上げ、その仕事の様相を明らかにすることである。

　令和元年度の小・中学校における長期欠席（以下、長欠）者は25万人を超え、このうち「不登校」にカウントされる者が約7割を占める。経済的理由による長欠は、不登校とは区別されているが、その定義自体に疑義がある（梶原2020）。実際には、生活保護世帯出身の生徒が、毎日学校に通うための基盤が家庭に整っていないために脱落型不登校に陥る事例（盛満2011）に見られるように、不登校とカウントされる中にも家庭の経済的状況を理由とする暗数が相当数含まれている。しかも、貧困や社会的排除は地域的に集積しているという指摘（妻木2012）を踏まえれば、長欠という課題と対応は特定の学校、つまり社会経済的に厳しい校区を持つ学校に偏在して現れることが予想できる。

　子どもが来られない状態である長欠は、種々のリスクにつながるため、特に地域の誰もが通えるはずの公立学校にとっては大きな課題であり、「登校」に向けた支援が必要となってくる。長期欠席に限らず、学校現場に現れる課題を解決するために、教員以外の専門職を学校に配置する動き（1995年からスクールカウンセラー（SCr）、2008年からスクールソーシャルワーカー（SSWr））が進んでいる。しかし、現在においてもSCrやSSWrの多くは週1回の非常勤であり、複数校の掛け持ちであり、子どもの抱える課題を直接的・リアルタイムに把握することが難しい。そのような中、教員は常勤であることを活かして子どもとの日常的なかかわりを担い、他専門職の学校内での職務を管轄している状況が報告されている（保田2014）。すなわち、他専門職の手を借りつつも、困難を抱える子どもへの直接的な働きかけを担っているのは今なお現場の教員であるということである。

　そこで、本稿で着目するのは、児童生徒支援加配教員（以下、基本的に「児童支援加配」）である。「特別な指導に配慮した加配」の一つである、「支援加配」（児童生徒支援加配）は、「児童生徒の状況に着目し、学習指導上、生徒指導上

又は進路指導上特別の配慮を行う必要性に照らして措置」されるものであり、指導上の困難度の高さが配置基準となっている。これは、授業をする・学習する以前の問題が、実際の現場では頻繁に現れているという現状（油布2007）を踏まえた教員の配置制度の一種である。児童支援加配の起源の一部は、地域の過酷な社会経済的状況に対峙し、子どもたちの登校を支援する実践を行ってきた福祉教員（倉石2007）に求められる。かれらは、同和地区の長欠・不就学の子どもを学校に連れて来ることを任務とし、子どもの生活をも保障する存在として活動していた。福祉教員はその後、同和加配教員を経て、他の配置目的と統合され、児童生徒支援加配教員となった。

　児童支援加配がその学校の課題にどのように取り組んでいるのかを明らかにする本研究は、活動・動作のパターンや様式、その構造や機能や意味について考察する教師の仕事に関する研究として位置づけられる。これまで例えば藤田ら（1995）のエスノグラフィによって、教師の日常的な活動が多様で複線的に編まれていることが明らかにされてきた。ただし、次の2点が課題である。1点目は、「現場の教授学」（古賀2001）を踏まえる重要性である。教育活動は、組織・法律・イデオロギー的な一定の枠づけであるフォーマルな学校制度だけでなく、学校と異なる階層や家庭を背景とした生活スタイルの現れである子どもたちのインフォーマルな文化からも影響を受け、文脈に依存し構築された日常的知識に基づくものである。2点目は、現場の教授学に影響を受けつつ、さらに同じ学校内においても、教員の仕事内容は一律ではないため、集団内の役割に応じて子どもへの関わり方が異なることを十分に記述する必要性である。困難を抱える子どもが多い学校に配置される加配教員は、それぞれの配置目的の達成に向けて重要な役割を果たしているはずであるが、各種の加配が教育現場にもたらす効果の研究は、ほとんど未開拓に等しい状況である（志水2018）。以上より、加配教員が必要とされる課題の地域的偏在性を鑑みつつ、現場の個別教師による支援という仕事の様相の記述が求められている。

　上記とは別の流れとして加配教員の仕事に着目した研究が蓄積されているのが、障害児教育研究である。佐藤（2017）は、通常の小学校に在籍する障害児童のために加配された教員へのインタビュー調査を通じて、その教員が日常的に遂行している活動の特徴と実践の論理を描き出した。その中で、障害児教育

に関わる教員の仕事の内実に関する研究をレビューし、「教師と障害児との相互行為に焦点を据えた教室内部の活動研究に限局されがちであった」(p.4) とする。佐藤の研究は教室内に留まらない総体的な視点で教員の活動・実践を描いた点で優れているが、障害児への対応以外の事由から加配された教員の支援に関する研究は未だ見当たらない。すなわち、教育現場での支援の対象は障害のある子どもだけではなく、外国にルーツのある子どもや貧困家庭の子ども、被差別部落出身の子ども、あるいはその重複、さらにそうした「ラベル」ベースではなく気になる様子を呈する子どもなど多岐にわたる。大阪市立大空小学校の元校長である木村氏は、様々な状況に置かれた子どもたちが学校に毎日通ってくるために必要なこととして、「障害の有無に関わらず、その日、その時に最もしんどい子どもに最善のケアをすること」(小国ら2015, p.10) を挙げる。この「その日、その時に最もしんどい子ども」という観点を踏まえると、課題を抱える状態にあるとされる子どもを支援するために加配されている教員が、具体的にどのような子どもを対象に働きかけを行っているのかも併せて検討する必要がある。

II. 方 法

1. 調査対象

　調査対象は、関西圏にある、児童数約250名のX市立Y小学校（以下、Y小）に勤務する児童支援加配のZ先生である。Z先生は、Y小で3校目、教員歴12年の30代正規教員である（2019年度時点）。Y小の在籍は7年目で、これまでに中学年担任や支援学級担任を経験しており、児童支援加配の役は2年目にあたり、Y小教職員のミドルリーダー層の一人である。

　Y小には、「貧困」「ひとり親」「外国にルーツがある」などの様々な社会経済的背景を持つ家庭の子どもたちが多数在籍している。2019年度の就学援助利用家庭は全体の1/4程度を占め、歯科検診の受診勧告率が高いことも学校の厳しい状況を示す数値として研究紀要に掲載されている。こうした背景を持つY小には、4名の加配教員が置かれている。内訳は児童生徒支援加配1名、日本語指導加配2名、習熟度・少人数加配1名である。加配教員を含めた教職員

らの努力によって、長期欠席児童の割合は近年減少しており、調査を行った2019年度の冬時点では0人であった。それゆえ、本研究で取り上げた事例は、長期欠席への事後対応というよりは長期欠席の「初期対応」や「未然防止」(国立教育政策研究所2012) の側面が強く、「長期欠席」や「不登校」というカテゴリーが付与される以前の看過されやすい教員の仕事を捉えた事例であると言える。

2. データ収集の方法と倫理的配慮

　本稿では、Z先生への終日観察 (3日間) をデータとして用いた。観察調査は、2019年11月19日 (火)、同年12月20日 (金)、2020年2月17日 (月) の3日間で実施した。観察に際しては本人と管理職に許可を得て、仕事の邪魔にならない距離で観察を行った。データ収集の際には、藤田 (2004) を参考に「可能なかぎり網羅的に行うこと」を基本とし、Z先生の出勤時 (校門をくぐった時点) から退勤時までの一日を、時間、場所、活動・出来事の当事者・関係者、活動や出来事をできる限り詳細に記録した。なお、筆者は2017年からY小で学習支援者として週1回程度の参与観察を実施しており、上記の集中的な観察日以外にも参与観察を行っている。本調査は、学校が置かれた文脈の共有と筆者と児童・教職員とのラポールの上に成り立っており、家庭訪問にも同行が許可された。観察においては十分に見えていなかったり会話が聞き取れなかったりしたところはメモに残し、別の参与観察日や観察調査後の2020年3月に聞き取りを行い、情報を補完した。本稿では必要に応じて参照する。

　また、倫理的配慮として以下の対応を行った。まず、調査実施前に、当時の筆者の所属機関の研究倫理委員会の審査を受け、承認を得た (登録番号：OUKS1645)。また、調査時には研究協力への同意を関係者に逐一確認している。なお、本稿で登場する地名、校名、児童、教員は全て仮名である。各プロフィールについては、個人が特定されない程度の記述に留め、個人情報保護への配慮を行った。次節からの引用データにおける (　) は筆者による補足、1日目・2日目・3日目はそれぞれ11月・12月・2月の観察日を意味している。また、データ中のアルファベットはそれぞれの児童を示している。

Ⅲ．結　果

1．登校支援の対象となる児童への気づきと共有

　まず、登校支援の対象となる児童を確認する。全児童を対象に登校支援を行っているかと言うと、そうではない。次項1日目の冒頭の場面にも見られるが、Z先生は毎朝、児童靴箱にて「登校チェック」を行っている。その際にはチェックリストを持参している。そのリストには、昨年度の出席状況を踏まえて年度当初にピックアップした児童の学年・学級と名前が書いてある。そこに取り上げられているのが登校支援の対象となっている子どもである。登校支援の対象となっている子どもの家庭背景は厳しいことが多いが、完全に重なり合うものではない。また、特別支援学級に在籍している子どもや外国にルーツのある子どもは、学級担任に加えて支援学級担任や日本語指導加配による支援があるが、朝来られていない子どもについては、児童支援加配が支援する対象である。観察2日目の時点で、12家庭15人がその対象であった。リストには、下に空欄が設けてあり、適宜増やすことができるようにしてある。リストへの子どもの追加は、例えば次のような事例で行われる。

　　　Z先生：あー Aさん（低学年児童）も来てる、よかった。昨日計算したらなんかAが一番休んでることが判明して。ちょっとダークホース的な感じで（笑）　ちょくちょく休むけど、体調が悪いとか、家がしんどいのはわかってはいたけど、一応耳鼻科に行くとか理由があって休んだりはしてたから。

　　　筆者：（病院に行って、）で、そのまま（学校に）来ずっていうのが結構ある？

　　　Z先生：そうそうそう。（病院に行くという理由）だから休ませてたけど、気づいたらもう（欠席日数が）15日とかなってて。昨日「ずっとAが来てない気がするなぁ」って教頭先生と言って（日数を）数えたら「わぁっ」て。今まではお母さんが「あとで連れて行きます」と言ってそのまま来ないとかそういうのがすごい多かったから。昨日も初め「連れて来る」って（お母さんが）言ってたけど、「いやもうお迎え行きま

す」って（私が）言って。　　　　　　　　　（2日目、8：51、児童靴箱）

　保護者から病院に行くという申し出があったため、Z先生はAに対して登校支援をしなければならないという思いを強く抱いていなかったが、2学期になって欠席日数が増えていることが判明し、支援を開始した。ここで毎朝のチェックリストにも名前が追加された。

　また、欠席日数のデータからではなく、子どもたちとの関わりの中での判断も重視して支援を行っている。Z先生はインタビューで、「はじめの1回2回」や「おうちの人がちゃんと見てくれる状況」であれば、子どもたちに休んではいけないとは言わないと語った。しかし、「ちょっとでもおかしい」という、子どもたちとの関わりの中で培われた感覚に引っかかるところがあれば「早い段階で」動くと言う。こうしてこまめなチェックと支援を行い、家庭の状況に関わらずすべての子どもが登校できるように努めている。

　さらに、子どもたちが登校支援の対象になることをZ先生は必ずしも悲観的には捉えていないことも特筆に値する。Z先生はB家（後述）を例に挙げて、登校支援として家庭訪問を行う中で、家庭の状況を見たり子どもに声をかけて関わりを持ったりできるようになったと語った。そして、今まで見えていなかったその内容を学級担任や周りの教員にも伝え、複数の教員の視点で関わることで、支援を広げるきっかけを得ている。また、朝来られないという行動で、支援が必要というヘルプサインを発出することは、支援に乗り出す理由になるため「ある意味学校としては、ありがたい」とさえ言う。

　朝に「しんどさ」が出ないが家庭背景の厳しさを抱える子どもや学校生活の中で困難さを表出する子どももいる。そのような子どもの情報について共有するのが、火曜日2限に開かれる児童支援会議である。登校支援は子どもの登校状況により人数は違えど毎朝行われるのに対して、日中の動きは季節や学校の状況によって流動的であるが、この会議はZ先生にとって数少ない毎週定時に行われる仕事である。Z先生が進行の中心となり、管理職を含めた学級担任以外の教員とSSWrが出席する。会議の前半には毎朝の登校支援のデータに基づく状況報告が、後半には学年部会からあがってきた「気になる子ども」の様子についての情報共有があり、学校全体での支援の手立てを考える場になっている。Z先生が直接関わるのは登校支援の対象になっている子ども、すなわち朝

来られない子どもに限られる。しかし、会議後半の学年部会からの報告があることで、朝にしんどさが表れない厳しい家庭環境の子どもや学級での気になる行動をしている子どもが把握され、目配りや学級担任と協働した支援（例えば家庭訪問に同行する）につながっている。

2. 毎朝の登校支援の様子

　ここでは観察データに基づき、登校支援におけるZ先生の行動や配慮の具体について述べる。登校は、子どもにとって学校と家庭という2つの生活世界の境界線上に位置する営みである。このことを鑑みて、Z先生が登校支援を行う場所と時間に着目して3つの事例を取り上げつつ、仕事の特徴を考えたい。まず、1日目の様子からは登校支援の基本的な流れが分かる。

　　8：10に校門をくぐり、いったん職員室へ入って関係する教員と情報共有を行ったあと、8：23に児童の靴箱へ行き、外靴があるかを確認する。8：25に職員室に戻り、6年生の担任に登校状況を尋ねたのち職員室を出て、校門の守衛さんにも「Cさん（毎朝遅刻気味の低学年児童）来ましたか？」と尋ねる。「まだ」との返事を受け、Cの家の方面に向かう。Cは途中まで来ていたので「8：30のチャイムに間に合うように急ごう！」と言って校門まで一緒に走る。Cを靴箱まで見届けたあと、再びそこで外靴の有無を確認する。通りかかった教頭先生に今日は登校状況が全体的に良いことを報告し、同じく通りかかった教務の教員に5時間目に1年生の学級への入り込み支援を依頼される。8：37に職員室に戻り、まだ登校が確認できない低学年児童の家庭に電話をかける。電話の内容を教頭先生に報告し、校長先生に呼ばれて中学年児童の家庭状況について支援級担任の教員も交えて30分ほど話し込む。　　　　　　　　　　　　　（1日目）

　学校に着くと、Ⅲ.1.で言及したチェックリストを持って靴箱で登校状況を確認し、関係教職員から情報収集をして状況を把握し、電話をかけたり迎えに行ったりといった対応を行い、結果を管理職に報告する。上のデータからは、Z先生が分刻みで多様な教職員と関わりながら目まぐるしく活動を展開していることが読み取れる。特に朝の時間帯は限られた時間で簡潔にコミュニケーションを取ることが多いが、必要に応じて管理職や養護教諭と長い議論を

交わすこともある。また、Z先生を中心として登校支援が行われるため、そこで集約した情報を様々な教員に共有していくことを心がけていると言う。こうして登校支援を行いながら子どもに関する情報共有の中核を担っていることが伺われる。複数の教員に話をすることで、別の情報が集まったり、複数の教職員の視点で子どもたちを見とることができるようになったりするという相乗効果が生まれると考えられる。

　次に注目したいのが、登校支援のために、学校外で活動している場面である。下の事例は2日目の出勤直後の様子で、この日のZ先生の仕事は学校到着前から始まっていた。

　　　担任の先生たちが1時間目の授業をするために教室へ向かおうとしている8：45頃、「おはようございます」と言いながら職員室に入ってきたZ先生は、荷物を置いて、教頭先生に朝の動きを報告する。

　　　いつものように7：20頃にD家に電話したところ、上の子（中学年児童）が「嫌や。（学校）行きたくない」の一点張りで泣いている。先にE（高学年児童）の家に行き、学校に同行したあと、8：30頃にD家に行って母親に様子を尋ねると、1度目の電話後からずっと泣いていたという。Dをなだめて着替えさせながら「なんで泣いてたん？」と聞くと、「歯が痛い」とのこと。先週、歯医者に行き損ねたので虫歯が悪化したのではないか。家から保冷剤で冷やしながら来た。朝お茶しか飲めていないので、今日一日しんどいかもしれない。病院が開いたらすぐ再度予約を取るように電話するよう母親に頼んだ。以上のようなことを約1分で報告する。

（2日目、8：46、職員室）

2019年度は特に困難度が高いD家とE家にはよく足を運んだとZ先生は言う。最も状況が厳しいときには、上のように毎朝出勤する前に電話をかけ、必要であればバイクで直接家に向かい、その子どもたちと一緒に登校していた。ただし、迎えに行くのは子どもが「ほんまにしんどい」時期の手段であり、最終的には保護者による指示や誘導がなくても子どもたちが自力で登校できることを目指し、働きかけ方は頃合いを見て変更される。

　また、学校外での活動では、出勤後に家庭訪問を行うことも多々ある。次の事例は3日目の様子で、B家きょうだい（高学年のB1と低学年のB2）への支

援の場面である。

　8：40頃から養護教諭と情報共有をし、B家に電話をかけて状況を確認
し、教頭先生とB1の担任に様子を見に行く旨を伝え—その間にB2が登校
して来る—およそ20分後に学校から徒歩5分ぐらいのところにある公営
団地のB家を訪ねる。高学年のB1は、最近お腹が痛いと言って学校を休
みがちになってきていた。家を訪ね、何度かドアをノックしたところ、
B1が出て来る。「せっかく先生来たし保健室でもいいから学校に行こう」
と声をかける。学校への道中、Z先生は、学校では誰と過ごしているか、
学級は楽しいか、休みの日は何をしているかなど雑談をしながら歩く。保
健室に寄ってカイロをもらってB1を学級まで連れて行ったあと、保健室
に再び戻る。

Z先生：さっき本人いたから言えなかったんですけど、生理が始まったみ
　　たいで。まだたぶんね、周期とかもそんなかたまってないやろうし、そ
　　の辺でしんどいんかな。たしかにあの子が休みだしたんもその辺やか
　　ら、ぴったり合うなとは思って。「友だちとかとは大丈夫？」って聞い
　　たらそこは全然、本人も仲良い子の名前もいっぱい挙げてたし、学校は
　　楽しいとは言ってたんですけど。一応担任の先生（女性）に言ったら、
　　「お母さんにも少し言ってみます」って。もししんどかったら病院とか
　　行ったらほんまにしんどいとき用にお薬とか出してもらえるやろうか
　　ら。

養護教諭：不安やと思うわ。手当のほうはちゃんとできてるってことなん
　　かな。

Z先生：それね、聞き忘れてて。今自分で言いながら「あーそういえばそ
　　の辺話してないなぁ」と思った。（中略）

養護教諭：よかった、家庭訪問行って。

Z先生：ほんまに。気持ち的なもんかなってずっと思ってたから、理由が
　　ちょっと分かって、安心は安心やなとは思って。そこ（原因の解決）に
　　向けてね、じゃあどうしたらいいかっていうのが具体で考えれるから。

　　　　　　　　　　　　　　　　　　　　（3日目、9：23、保健室）

今まで学校をそれほど休んでいなかったB1が遅刻や欠席をし始めたことに

Z先生は違和感を持っていたことが伺える。登校支援の一環として家庭訪問を行い、家の状況を確認し、本人からの話を踏まえて、原因を探っている。養護教諭とのやりとりの中で、特に貧困家庭で想定される子どもの初経への準備が家庭でなされていない可能性を加味して状況を確認する必要性を感じ、懸念事項として捉えていることが分かる。また、家庭訪問によって子どもと直接関わり、「原因」の目星がついたことを両教員とも好ましく思っていることが読み取れる。さらに、物理的に学校に登校してきていればよいというスタンスが取られていないことが、子どもの対人関係に言及している部分から確認できる。

Ⅳ．考　察

Ⅲ．1．では、登校支援の対象となる児童について確認した。登校支援の対象となる児童は、前年度および今年度の登校状況のデータに基づいてピックアップされている。ここで興味深いのは、支援学級籍であるなどの事由ではなく、登校状況という「状態」への対応として支援が実施・展開されている点である。特別支援教育の対象である、外国にルーツのある、就学援助受給家庭など様々なマイノリティが在籍する対象校において、特別支援学級や日本語指導の担当教員がいたとしても、登校支援の対象はあくまで「朝来られていない状態」にある子どもであり、児童支援加配が支援を司っていた。一方で、登校支援の対象ではないが学級内等で困難な状況にある子どもに対しても、Z先生を中心に週1回開催される児童支援会議内の学年部会報告を受けて認知がなされ、対応策が練られている。つまり、児童支援加配と学級担任、特別支援・日本語指導担当、あるいは登校支援と学年部会という異なる複数の網をかけてY小として子どもの支援を進めていると言えよう。さらに、Z先生からは「朝来られていない状態」になることはヘルプサインの発出であり、登校支援に留まらない子ども・家庭への支援を始められるきっかけになりうることが語られた。このように登校支援を行うZ先生の専門性を活かしつつ、困難を抱える子ども、ひいては保護者と接触し、同僚の教職員や多職種を巻き込んで、家庭への支援の道を拓く学校体制が敷かれている。

Ⅲ．2．では、Y小の児童支援加配の主な職務である登校支援の仕事の様子を、

観察調査に基づき描き出した。毎朝行われる登校支援は、多くの教職員と多くの情報をやりとり・集約し、身体を動かす目まぐるしい活動である。子どもたちの登校状況は毎日異なるため、複数の子どもの状況を把握しながら、必要なことをその都度判断して臨機応変に動く。その中では、一度入った職場（学校）を出たり、あるいは出勤前から支援の仕事を始めたりと、活動が学校内外にわたるという特徴もあった。特別なニーズ教育は「通常に付加したサポートや通常以上の教育指導や支援を要するか否かで児童生徒を判別して（中略）個人の教育指導上の課題／ニーズで分類して、それに適合した『場』と『方法』で」（清水 2019、p.33）対応するものである。「登校ができない」という課題を有する状態にある子どもたちは、相当程度これに重なる[1]。本稿の事例は、加配教員がそれぞれの子どもに適合する支援を用意し、実践している様相であったと位置付けられるだろう。

　今後は、登校支援を可能にしている条件、登校支援以外の仕事とその関連、他の教職員との職務の調整、各校の状況に応じた加配教員の活用方法、加配教員の配置の継続性等の追究が求められる。登校は家庭で当然できる／すべきという考えもあるが、本稿でも見たように均質な保護者像の想定（丸山 2017）はできない。家庭からのサポートを受けづらい子どもたちの毎日の登校と学びを十分に保障するために、児童支援加配をはじめとする加配教員の仕事と子どもたちへの支援についての研究を一層展開させる必要があるだろう。

謝辞

　調査にご協力いただきました、Ｚ先生とＹ小学校のみなさまに記して御礼申し上げます。

注

　1) 渡部（2019）は、児童生徒支援加配の配置基準の文言を挙げ、「その他要配慮児」として特別ニーズ教育の対象に包含されるとしている。

参考文献

藤田英典・油布佐和子・酒井朗・秋葉昌樹（1995）「教師の仕事と教師文化に関するエスノグラフィ的研究」『東京大学大学院教育学研究科紀要』35, pp.29-66.

藤田英典（2004）「現象学的エスノグラフィー」志水宏吉編著『教育のエスノグラフィー』

嵯峨野書院, pp.49-78.

梶原豪人 (2020)「貧困家庭の不登校をめぐる研究の動向と課題」『社会福祉学』61 (2), pp.59-70.

古賀正義 (2001)『〈教えること〉のエスノグラフィー』金子書房。

小国喜弘・木村泰子・江口怜・高橋沙希・二見総一郎 (2015)「インクルーシブ教育における実践的思想とその技法」『東京大学大学院教育学研究科紀要』55, pp.1-27.

国立教育政策研究所 (2012)「不登校・長期欠席を減らそうとしている教育委員会に役立つ施策に関する Q&A」https://www.nier.go.jp/shido/fqa/index.html (2022.4.24. 確認)。

倉石一郎 (2007)「〈社会〉と教壇のはざまに立つ教員」『教育学研究』74 (3), pp.40-49.

丸山啓史 (2017)「「障害のある子どもの貧困と学校教育」をめぐる研究の課題」『SNE ジャーナル』23, pp.40-52.

盛満弥生 (2011)「学校における貧困の表れとその不可視化」『教育社会学研究』88, pp.273-294.

佐藤貴宣 (2017)「小学校における支援の組織化と教師のワーク」『龍谷教職ジャーナル』5, pp.1-17.

志水宏吉編 (2018)「高い成果を上げている地域・学校の取組・教育環境に関する調査研究」『平成 29 年度 文部科学省受託研究 研究成果・報告書 高い成果を上げている地域学校の取組・教育環境に関する調査研究 (加配教員等の人的措置が教育成果に及ぼす影響に関する研究)』, pp.3-10.

清水貞夫 (2019)「『特別なニーズ教育』とノンカテゴリーの教育システム」『SNE ジャーナル』25, pp.32-45.

妻木進吾 (2012)「貧困・社会的排除の地域的顕現」『社会学評論』62 (4), pp.489-503.

渡部昭男 (2019)「「特別ニーズ教育」と「学習と発達への権利」」『SNE ジャーナル』25, pp.19-31.

保田直美 (2014)「学校への新しい専門職の配置と教師役割」『教育学研究』81 (1), pp.1-13.

油布佐和子編 (2007)『転換期の教師』放送大学教育振興会。

110 　　　　　SNEジャーナル, 28(1), 2022, 110 - 122

資　料

小学校の通常の学級での外国語活動または外国語科における発達障害児への指導上の工夫
―教員が行う指導上の工夫に関連する要因に着目して―

池田　順之介　　　奥住　秀之
（東京学芸大学教職大学院）　　（東京学芸大学）

　本研究は、小学校の通常の学級での外国語活動・外国語科における発達障害児及びその傾向のある児童への指導上の工夫について、指導上の困難、教員の属性及び授業内容との関連から検討することを目的とした。19市町村を対象とし、公立小学校89校中29校の外国語活動・外国語科を担当している教員に郵送法による質問紙調査を実施し、67名の教員が調査に参加した。

　結果として、外国語活動・外国語科における指導上の困難を5因子に、指導上の工夫を6因子に分けることができた。そして、児童の英語による言語活動を多く行っている場合、見通しの支援や文字による支援が見られ、細部へ注目の困難のある児童が在籍している場合、表記・表出の支援が見られ、英語のスピーチに関する困難や文字の学習の困難がある児童が在籍している場合、運動を随伴した支援が見られ、教員の英語力がある、または授業準備がよくできている場合、子どもの思考を言語化する支援が見られた。

　本研究の知見は、外国語科を含む教科等における発達障害児への指導上の工夫には、全教科を通じて行われるべきものに加えて、各教科のもつ独自性や教師の専門性が関係する指導上の工夫がありうることを示唆するものである。今後はこれらのことを踏まえたより仔細な検討が必要になるだろう。

キーワード

小学校　Elementary School

通常の学級　Regular Classroom

発達障害　Developmental Disabilities

外国語活動・外国語科　Foreign Language Activities and Foreign Language Classes

Ⅰ．はじめに

　2007年（平成19年）の特別支援教育の開始以来、通常の学級における発達障害児への支援が進んでいる。文部科学省は新しい小学校等の学習指導要領の「指導計画の作成と内容の取り扱い」に、「障害のある児童などについては、学習活動を行う場合に生じる困難さに応じた指導内容や指導方法を計画的、組織的に行うこと」と示した。

　ところで、新小学校学習指導要領の改訂との関連について言えば、小学校中学年に外国語活動、高学年に外国語科が導入された。学習指導要領では、小学校中学年から外国語活動を導入し、「聞くこと」、「話すこと」を中心とした活動を通じて外国語に慣れ親しみ外国語学習への動機付けを高めた上で、高学年から発達の段階に応じて段階的に文字を「読むこと」、「書くこと」を加えて総合的・系統的に扱う教科学習を行い、中学校への接続を図ることを重視することとしている（文部科学省、2018）。先に述べた小学校学習指導要領における障害のある児童への配慮の記述は、外国語活動・外国語科も例外ではなく、学習指導要領解説では、「リズムやイントネーションを、教員が手拍子を打つ」「外国語の文字を提示する際に字体をそろえたり、線上に文字を書いたりする」など具体的な配慮が挙げられている。

　小学校における外国語活動または外国語科（以下、外国語科）における発達障害児の困難に関する先行研究を見ると、対人関係の困難やこだわり、不注意、多動性・衝動性が学習を難しくしていること、bとdの違いに気づかないこと、文字を正しく書くことができないことなどが報告されている（加賀田ら，2015）。これらの多くは外国語科に限らず、他教科でも指摘される困難と重なるものとみなしうるが、しかし、これに加えて、英語それ自体の特徴による影響も指摘されていることに注目したい。すなわち英語は音の粒状性が細く、文字と音の対応関係が不透明だとされており（Wydell & Butterworth, 1999）、学習にあたって発音とスペリングが対応していない単語の誤りが多いことが指摘されている（窪島，2019）。そのため、日本語では読み書きに困難が見られなくても、英語では困難が顕在化する可能性があり（春原ら，2004）、

このことは外国語科に特化した支援の必要性を示唆している。

　このような外国語科の特異性から、指導する上で児童が示す困難（以下、指導上の困難）に対応した指導上の工夫を捉えるためには、一般的に行われている指導上の工夫や教員の属性との関連に加えて、教員の英語力や外国語科の授業内容といった外国語教育の専門性との関連を検討する、多角的なアプローチが必要だろう。そこで本研究では、小学校の通常の学級において、外国語科を担当する教員の外国語科における発達障害児への指導上の工夫の現状について、指導上の困難、教師歴、教員の特別支援教育及び外国語教育の専門性との関連から明らかにすることを目的とする。

Ⅱ．手続き

1．調査参加者と方法

　A県の19市町村（1市16町2村）の公立小学校全89校のうち、承諾を得られた小学校の通常の学級の外国語科の担当教員を調査参加者とした。対象地域は、1市と18町村で教科書採択地区が2つに分かれるものの、教員の異動は19市町村内で行われることが一般的である。89校のうち、29校から承諾が得られた（承諾率32.6%）。質問紙の配布数78部、回収数77部で（回収率98.7%）、有効回答数73部であった（有効回答率94.8%）。73名のうち、外国語科の授業を担当する学級に発達障害の医学的診断を有する児童または発達障害の傾向がある児童（以下、発達障害児）が在籍していると答えた教員は67名（91.8%）で、この67名を分析対象とした。

　67名の教師歴の平均値18.2年（SD10.1）（無回答1名）、特別支援学校教員免許状を有する教員12名（17.9%）、担任種としては通常の学級の担任教員49名（73.1%）、複式学級担任教員9名（13.4%）、外国語専科教員9名（13.4%）であった。通常の学級の担任教員の学年は、3年生10名、4年生11名、5年生14名、6年生15名で、複式学級の担任教員は、第3学年及び第4学年担任6名、第5学年及び第6学年担任3名であった。通常の学級の担任及び複式学級担任の学級の児童数の平均値22.0名（SD11.1）であった。質問紙調査は、郵送法、無記名回答とし、予想回答時間は10分程度である。20××年に実施した。

2．調査内容

（1）フェイスシート

教員歴、特別支援学校教員免許状の有無、学級担任の学年、担任学級の児童数、担任学級の発達障害児の在籍状況について回答を求めた。

（2）外国語科の授業に関する項目

Q1「外国語科の授業を行う上での自身の英語力」、Q2「外国語科の授業の単元計画や教材開発」、Q3「外国語科における授業内での児童の言語活動」及びQ4「ALTをはじめとする外部人材と行う授業」の4項目について回答を求めた。Q1、Q3及びQ4は「英語教育実施状況調査」（文部科学省，2020）を参考に、Q2は独自に作成した。「十分ある（十分行っている）」「ややある（やや行っている）」「あまりない（あまり行っていない）」「ほとんどない（ほとんど行っていない）」の4件法とした。

（3）発達障害児の指導上の困難に関する項目

Q5「発達障害児に対する外国語科における指導上の困難」について、**表1**に示す12の選択肢から該当する項目全ての回答を求めた。選択肢は、小学校学習指導要領（平成29年度告示）の各教科等の解説にある「障害のある児童への配慮についての事項」及び加賀田ら（2015）で挙げられる小学校外国語活動または中学校英語科の担当教員が感じる指導上の困難等を参考に作成した。

（4）発達障害児の指導上の工夫に関する項目

Q6「発達障害児に対する外国語科の授業において行っている指導上の工夫」について、**表2**に示す17の選択肢から該当する項目全ての回答を求めた。選択肢は、小学校学習指導要領（平成29年度告示）の各教科等の解説にある「障害のある児童への配慮についての事項」及び「『読めた』『わかった』『できた』読み書きアセスメント活用＆支援マニュアル（中学校版）」（東京都教育委員会，2018）等を参考に作成した。

3．分　析

フェイスシートの特別支援学校教員免許状の有無はダミー変数とし、有りを1、無しを0とした。Q1〜Q4は、「十分ある（十分行っている）」を4、「ややある（やや行っている）」を3、「あまりない（あまり行っていない）」を2、「ほ

とんどない（ほとんど行っていない）」を1とした。Q5は指導上の困難があると回答した項目を1、他を0とした。Q6は指導上の工夫として行っていると回答した項目を1、他を0とした。

　Q5、Q6について、主因子法、バリマックス回転、固有値を1以上で因子分析を行い、因子得点を求めた。また、Q6の各因子得点を従属変数、Q5の各因子得点、教師歴、特別支援学校教員免許状取の有無、Q1 ～ Q4を独立変数としてステップワイズ法による重回帰分析を行った。統計は、SPSS Statistics 27を使用した。

4. 倫理的配慮

　本学会の「倫理綱領」及び日本学術会議「科学者の行動規範改訂版」を遵守し、人権及び研究倫理上の配慮を行った。具体的には、事前に各学校の管理職宛に調査を依頼し、承諾が得られた学校の教員に調査を実施した。調査は無記名とし、回答者が特定されない形での回収、集計を行った。なお、調査参加は各教員の意思のみに基づき、事前に回答を拒否したり、回答の途中で取りやめたりすることを許可した。

Ⅲ．結　果

1. 指導上の困難の因子構造

　Q5「外国語科における発達障害児への指導上の困難」12項目の因子構造を明らかにするために因子分析を行い、5因子を抽出した。**表1**にその結果を示す。第1因子は、ペア学習やグループ学習が困難である、集中して取り組むことが困難である、離席せずに座って授業を受けることが困難であるが高い因子負荷量を示していることから「集団学習の参加の困難」と命名した。第2因子は、人前で話すことへの不安から声を出して発表することが困難である、アルファベットを正しく発音することが困難である、英語に対する関心や意欲をもつことが困難であるなどが高い因子負荷量を示していることから、「英語のスピーチの困難」と命名した。第3因子は、単語を何度練習しても、発音することが困難である、見本を示してもアルファベットを書くことが困難であるが高

い因子負荷量を示している。英単語を書くためには、単語を発音できることは不可欠であるため、「文字の学習の困難」と命名した。第4因子は、発問や指示を一度で聞き取ることが困難であるのみが高い因子負荷量を示しており、「指示を聞くことの困難」と命名した。第5因子は、bとd、nとhなどの違いに気づくことが困難である、日本語と英語の音を区別することが困難であるが高い因子負荷量を示したことから、「細部への注目の困難」と命名した。

表1　外国語科における発達障害児への指導上の困難の因子構造

選択肢	f1	f2	f3	f4	f5	h²
ペア学習やグループ学習が困難である。	.693	.155	.153	.160	-0.102	.564
集中して取り組むことが困難である。	.631	.066	.160	-0.100	.030	.440
離席せずに座って授業を受けることが困難である。	.469	.106	-0.103	.100	.040	.254
人前で話すことへの不安から声を出して発表することが困難である。	.226	.617	.221	-0.137	-0.230	.553
アルファベットを正しく発音することが困難である。	-0.142	.538	.197	.408	.192	.552
英語に対する関心や意欲をもつことが困難である。	.227	.491	.064	-0.027	.199	.337
活動の切り替えが困難である。	.317	.400	-0.153	.347	.198	.443
単語を何度練習しても、発音することが困難である。	-0.031	.148	.757	.227	.063	.651
見本を示してもアルファベットを書くことが困難である。	.169	.097	.420	.065	.292	.304
発問や指示を一度で聞き取ることが困難である。	.129	-0.052	.244	.703	.051	.576
bとd、nとhなどの違いに気づくことが困難である。	.302	.129	.394	.006	.536	.550
日本語と英語の音を区別することが困難である。	-0.063	.020	.035	.047	.345	.127
寄与率 (%)	12.202	9.683	9.498	7.543	5.6566	
累積寄与率 (%)	12.202	21.886	31.384	38.927	44.593	

2. 指導上の工夫の因子構造

Q6「外国語科における発達障害児への指導上の工夫」17の項目の因子構造を明らかにするために因子分析を行い、6因子を抽出した。**表2**にその結果を示す。第1因子は、授業の初めに本時の活動の流れを黒板等に示す、児童の興味や関心、生活経験に関連する題材を取り上げる、やり取りや発表の台本を準備する、活動内容を事前に伝えたり、練習したりするが高い因子負荷量を示したことから、「見通しの支援」と命名した。第2因子は、外国語の文字を提示する際に4線上に文字を書く、コミュニケーションの代替手段を活用する、アルファベットをカナ表記した表などを活用するが高い因子負荷量を示したこと

から、「表記・表出の支援」と命名した。第3因子は、リズムやイントネーショ
ンを教員が手拍子を打つなどして表す、音の強弱を手を上下に動かすなどして
表すなどが高い因子負荷量を示したことから動きを伴った指導・支援に関連す
る項目群であると言える。そのことから、「運動を随伴した支援」と命名した。
第4因子は、ペア学習やグループ学習を積極的に取り入れる、自分や友人の考
えを言葉にする活動をするが高い因子負荷量を示したことから「子どもの思考
を言語化する支援」と命名した。第5因子は、多感覚学習法を取り入れた学習
を設定する、イラストカードやデジタル教科書を活用して情報提示するなどが
高い因子負荷量を示したことから、学習内容を視覚化・構造化する支援に関連
する項目群であると言える。そのことから、「視覚化・構造化の支援」と命名
した。第6因子は、語彙や表現を記したカードを使用し、黒板に貼る、児童の
困難に応じたワークシートを使用するが高い因子負荷量を示したことから、「文

表2　外国語科における発達障害児への指導上の工夫の因子構造

選択肢	f1	f2	f3	f4	f5	f6	h^2
授業の初めに本時の活動の流れを黒板等に示す。	.774	-0.050	-0.049	.117	.032	.209	.663
児童の興味や関心、生活経験に関連する題材を取り上げる。	.582	-0.022	.066	.146	.298	-0.184	.488
やり取りや発表の台本を準備する。	.557	.202	.325	.059	-0.029	.007	.461
活動内容を事前に伝えたり、練習したりする。	.470	.439	.113	.102	-0.287	.269	.592
外国語の文字を提示する際に4線上に文字を書く。	.031	.666	.053	.122	.128	.094	.488
コミュニケーションの代替手段を活用する。	.241	.536	.134	-0.051	.258	-0.021	.433
アルファベットをカナ表記した表などを活用する。	-0.048	.409	.030	.014	-0.026	-0.042	.173
リズムやイントネーションを教員が手拍子を打つなどして表す。	.056	.060	.723	.052	.025	.118	.547
音の強弱を手を上下に動かすなどして表す。	.105	.204	.416	.017	.358	.035	.356
机間指導の際に指導や支援を行う。	.015	.226	.245	.036	.152	-0.080	.142
ペア学習やグループ学習を積極的に取り入れる。	.054	.088	.190	.806	.138	-0.103	.725
自分や友人の考えを言葉にする活動をする。	.279	.083	-0.122	.489	.071	.227	.396
多感覚学習法を取り入れた学習を設定する。	-0.014	.218	-0.011	.160	.613	.047	.451
授業をパターン化し、毎回同じ流れで進める。	.132	-0.078	.134	-0.002	.321	.180	.177
イラストカードやデジタル教科書を活用して情報提示する。	-0.235	.242	.203	.108	.286	.284	.329
語彙や表現を記したカードを使用し、黒板に貼る。	.050	-0.004	.043	.002	.136	.739	.569
児童の困難に応じたワークシートを使用する。	.184	-0.044	.232	.224	-0.049	.249	.204
寄与率(%)	10.208	8.007	6.289	6.158	5.958	5.699	
累積寄与率(%)	10.208	18.214	24.503	30.662	36.619	42.318	

字による支援」と命名した。

3.　指導上の工夫と指導上の困難、教員の属性及び授業の内容との関連

　外国語科における発達障害児への指導上の工夫の6つの因子得点を従属変数、指導上の困難の5つの因子得点、教師歴、特別支援学校教員免許状の有無、Q1〜Q4を独立変数としてステップワイズ法による重回帰分析を行った。独立変数間の相関係数はどれも中程度以下（r＜.500）であり、多重共線性の問題はない。表3は、重回帰分析の結果で、決定係数（R^2）、調整済み決定係数（調整済みR^2）、標準偏回帰係数（β）、有意確立（p）を示している。除去された変数は示していない。「見通しの支援」を従属変数としたとき、R^2＝.102、調整済みR^2＝.088で、1％水準で有意で、βはQ3が1％水準で有意であった。つまり、授業内で英語による児童の言語活動を多く行う教員は、見通しの支援を有意に多く行っている。「表記・表出の支援」を従属変数としたとき、R^2＝.114、調整済みR^2＝.101で、1％水準で有意であり、βは「細部へ注目の困難」が1％水準で有意であった。つまり、外国語科を担当する学級で、細部へ注目することに困難がある児童が在籍していると回答する教員は、英語の表記や表出の支援を有意に行っている。「運動を随伴した支援」を従属変数としたとき、R^2＝.150、調整済みR^2＝.123で、1％水準で有意であり、βは「英語のスピーチに関する困難」と「文字の学習の困難」がそれぞれ5％水準で有意であった。つまり、外国語科を担当する学級において、英語のスピーチに関する困難があるまたは文字の学習に困難がある児童が在籍していると回答する教員は、運動を随伴した支援を有意に行っている。「子どもの思考を言語化する支援」を従属変数としたとき、R^2＝.128、調整済みR^2＝.108で、5％水準で有意であり、βはQ1とQ2がそれぞれ5％水準で有意であった。つまり、英語力があるまたは外国語科の授業の準備ができている教員は、子どもの思考を言語化する支援を有意に行っている。「視覚化・構造化の支援」は全ての独立変数が除去された。「文字による支援」を従属変数としたとき、R^2＝.194、調整済みR^2＝.182で、1％水準で有意であり、βはQ3が1％水準で有意であった。つまり、授業内で英語による言語活動を多く行っている教員は、文字による支援を有意に多く行っている。

表3　指導上の工夫と指導上の困難、教員の属性及び授業の内容との関連

独立変数		指導上の工夫					
		見通しの支援	表記・表出の支援	運動を随伴した支援	子どもの思考を言語化する支援	視覚化・構造化の支援	文字による支援
指導上の困難	集団学習へ参加の困難						
	英語のスピーチに関する困難			.272*			
	文字の学習の困難			.251*			
	指示を聞くことの困難						
	細部へ注目の困難		.338**				
教師歴							
特別支援学校教員免許状の有無							
Q1（教員の英語力）					.305*		
Q2（教員の授業準備）					.257*		
Q3（授業における言語活動）		.320**					.441**
Q4（授業における外部人材の活用）							
R²		.102	.114	.150	.128		.194
調整済み R²		.088	.101	.123	.108		.182

*p<.05, **p<.01

（ステップワイズ法により除去されなかった β、R² 及び調整済 R² を示す）

Ⅳ．考　察

　本研究では、小学校の通常の学級において外国語科を担当している教員への調査を通して、外国語科における発達障害児への指導上の工夫の現状を明らかにするために検討を行った。その結果、因子分析によって教員の指導上の困難は5つ、指導上の工夫は6つに要約された。以下、6つに要約された指導上の工夫について、児童の示す指導上の困難、教師歴、教員の特別支援教育及び外国語教育の専門性に着目しつつ、考察する。

　「見通しの支援」は、授業内で英語による言語活動を多く行う場合に見られる。起こることを事前に伝えることは、発達障害児の不安や緊張の軽減につながるとされている（濱田ら, 2015）。一方で、英語による言語活動は発達障害児にとって日本語での活動以上に負担が大きく、不安や緊張が強くなるだろう。そのため、教員は事前に授業や活動の内容を伝え、会話の台本などを用意

していると推察される。

「表記・表出の支援」は、細部への注目に困難がある児童が在籍する場合に見られる。英語の読み書きに困難のある児童は、視覚認知や目と手の協応が難しいと指摘があり（加賀田ら，2015）、文字を4線上に示すことやカナ表記等を用いることは効果的な指導であろう。「細部への注目の困難」は、外国語科で特に顕著な困難と推察できる。読み障害は言語の表記や音韻体系との関わりが強く、発現率は言語によって異なるとされ（高橋，2005）、読み書きに困難のある児童は、英語で特に顕在化することがある（春原ら，2004; 村上，2012）。そのため、アルファベットをカナ表記して、音を区別しやすくし、4線上に英語を書いて文字の違いをはっきりさせていると推察される。

「運動を随伴した支援」は、英語のスピーチに関する困難がある、または文字の学習に困難がある児童が在籍する場合に行われており、音と文字を結びつけて音韻意識を高める支援と考えられる。銘苅・中山（2018）は、英語の文字と音を対応させて混成させることは、初期の英語の読み書き学習に有効であると指摘した。言語獲得は聞いて話すことから始まって、読む・書くにつながるため、音を聞くことは英語学習の基礎といえる。聞くことに困難がある場合、音韻意識への適切な指導がなければ、読み書きの困難につながるだろう（銘苅ら，2018）。また、「英語のスピーチに関する困難」は主にASD児に関係する困難、「文字の学習の困難」は主にLD児に関係する困難であると捉えられるが、ASD児は興味や関心の偏りや初めてのものへの強い不安感があり、また、LD児は一語一語の音や文字を捉えることに困難さを抱えることが多い。そのため、聴覚情報に加えて身体の動きをはじめとする様々な刺激を組み合わせて提示して、理解を深める工夫をしていると推察される。

「子どもの思考を言語化する支援」は、英語力があるまたは授業準備に熱心な教員に見られる。松宮（2013）は、教員の英語運用能力が授業準備や授業計画に対する不安の要因となり、指導の不安につながると指摘している。また、外国語科での指導上の顕著な困難として、「スピーキング（学習指導要領の「話すこと」に相当）（やりとり）」が挙げられており（株式会社イーオン，2021）、授業内での言語活動に影響を与えていることが考えられる。また、「話すこと（やりとり）」の目標は、自分の考えや気持ちなどを伝え合う力を育むことであ

るが、ASDのある児童では他者の気持ちの理解の困難がよく指摘され、「子ど
もの思考を言語化する支援」は、「話すこと（やりとり）」の困難を改善する工
夫であろう。このように、英語力の高い教員は授業の準備を行い、授業内で話
す活動を多く行い、そのことが発達障害児の他者理解等を促す支援につながっ
ていると推察される。

　「文字による支援」は、児童の英語による言語活動を多く行っている教員で
見られる。語彙カードの掲示や、個別ワークシートの使用は、読みや書き等に
困難があるLDのある児童への指導上の工夫として効果的であろう。粕谷
（2019）は、黒板やデジタル教科書に示された文字を書き写すと文字が欠落し
やすいことを指摘しており、小野（2021）は、書き写すスペースと近い場所に
見本を置くこと、板書等ではなくワークシート等で見本を示すことが効果的で
あると指摘している。英語による言語活動を多く行っている場合、こうした指
導上の工夫が行われていることが推察される。

　なお、「視覚化・構造化の支援」は今回取り上げた指導上の困難、教員の属
性や専門性と関連が見出せなかった。視覚化・構造化との関連で言えば、多感
覚学習やデジタル教材の活用は外国語科において特に重視されており、これは
今回取り上げていない協調運動等の困難のある児童への指導上の工夫である可
能性がまず考えられる。一方で、困難に関わらず全ての児童に対して広く行わ
れている可能性もあり、さらなる検討が必要であろう。

V. おわりに

　以上、小学校の通常の学級における外国語科での発達障害児への指導上の工
夫の現状について検討してきた。本研究の知見は、外国語科を含む教科等にお
ける発達障害児への指導上の工夫には、全教科を通じて行われるべきものに加
えて、各教科のもつ独自性や教師の専門性が関係する指導上の工夫がありうる
ことを示唆するものである。今後はこれらのことを踏まえたより仔細な検討が
必要になるだろう。

付記

　本稿の執筆にあたり質問紙調査に協力いただいたすべての先生方に感謝の意を表します。

文献

濱田香澄・岡崎慎治・瀬戸口裕二（2015）自閉症スペクトラム児の不安に対する指導支援―鉄道路線図による不安の可視化―. 名寄市立大学紀要, 9, 61-68.

春原則子・宇野彰・金子真人・加藤元一郎・吉野文浩（2004）英語学習の困難さを主訴とした中学生・高校生の認知機能. 神経心理学, 20(4), 264-271.

株式会社イーオン（2021）小学校の英語教育に関する教員意識調査 2021.

https://www.aeonet.co.jp/company/information/newsrelease/2103151100.html（最終閲覧 2021 年 12 月 20 日）

加賀田哲也・村上加代子・伊藤美幸・川崎育臣・森田琢也・チェン敦子（2015）英語授業における特別支援に関する調査. 小学校英語教育学会誌, 15(1), 142-154.

粕谷恭子（2019）「わかる・できる！ 英語授業のひと工夫 明日から使える 26 事例」光文書院.

窪島務（2019）発達障害の教育学―「安心と自尊心」にもとづく学習障害理解と教育指導―. 文理閣.

松宮新吾（2013）小学校外国語活動担当教員の授業指導不安にかかわる研究―授業指導不安モデルの探求と検証―. 関西外国語大学研究論集, 97, 321-338.

銘苅実土・中山京子（2018）小学校英語教科の読み書き指導導入における音韻意識指導の必要性―英語の音素意識の評価, 指導方法における検討課題―. 帝京大学教職センター年報, (5), 13-19.

文部科学省（2018）小学校学習指導要領.

文部科学省（2018）小学校学習指導要領解説 外国語活動・外国語編.

文部科学省（2020）令和元年度「英語教育実施状況調査」の結果について.

https://www.mext.go.jp/a_menu/kokusai/gaikokugo/1415043.htm （最終閲覧 2021 年 12 月 20 日）

村上加代子（2012）日本の英語教育におけるディスレクシア生徒に関する一考察. 神戸山手短期大学紀要, 55, 67-76.

小野祥康（2021）小学校英語教科書におけるユニバーサルデザイン―文字指導に焦点を当てて―. 北海道科学大学研究紀要, (49), 85-91.

杉山明枝・鈴木幸子・小林省三（2009）特別支援学級における英語活動―小学校での実践から―. 川崎市立看護短期大学紀要, 14(1), 83-90.

高橋登（2005）読み障害とは何なのか―言語による違いとその原因―. 特殊教育学研究, 43(3), 233-240.

東京都教育委員会（2018）「読めた」「わかった」「できた」読み書きアセスメント活用＆

　支援マニュアル（中学校版）．

Wydell, T. N., & Butterworth, B（1999）A case study of an English-Japanese bilingual with monolingual dyslexia. Cognition, 70, 273-305.

山澤萌・小田侯朗（2016）特別支援学校（聴覚障害）小学部における外国語活動に関する調査研究．障害者教育・福祉学研究, 12, 57-67.

SNE ジャーナル，28(1)，2022，123 - 135

資　料

スペイン風邪パンデミック（1918-1920）における日本の子どもと学校教育

能田 昂
（尚絅学院大学総合人間科学系）

髙橋 智
（日本大学文理学部）

　本稿では、日本においても猛威をふるったスペイン風邪（1918 ～ 1920）のもとでの子どもの感染実態や各種の困難、学校や教師の対応等の諸相について明らかにした。

　スペイン風邪は強毒性のインフルエンザが蔓延するパンデミックであった。病原体が不明の深刻な感染実態のなかで、教師・学校医らは様々な予防方法を講じて懸命に対処した。蔓延の温床になる側面もありつつ、学校教育機関が子どもを守るために積極的に取り組んだ。スペイン風邪は最終的に季節性インフルエンザへと移行し、罹患率・死亡率も徐々に低下していった。

　スペイン風邪を受けてその後、「学校伝染病予防規定」の改正や「流行性感冒予防要項」等の対応が規定される。しかし、赤痢・腸チフス・結核等の高い死亡率の疾病が依然蔓延するなかで、スペイン風邪は風化に晒され、忘れ去られていった。

　わずかに残る史資料からは当時の子どもの抱えていた不安・恐怖が垣間見えるが、「みな大変なのだから」という論理がまかりとおる感染症災害のなかで、子どもの声はほとんど不明である。スペイン風邪パンデミック当事者としての子どもの声・想いを歴史的に明らかにする必要がある。

キーワード

スペイン風邪　Spanish Flu

感染症パンデミック　Infectious Disease Pandemic

日本の子ども　Japanese Children

学校教育　School Education

　　COVID-19対応のなかで学校が子どもを保護し、支えるシステムであること
も改めて明らかになってきていることも踏まえて、感染症災害史の中で軽視さ
れがちな学校教育機関が果たした役割や課題、その後の対応の継承・制度化の
如何も含めて解明していくことが当面の課題である。

Ⅰ．はじめに

　人間は過酷な自然環境で生きることの難しい脆弱な身体性を持つ存在であ
る。地震や津波、伝染病・感染症、飢饉など幾多の「災い」はその生存を常に
脅かしてきた。時代が進むにつれて戦災などの人的要因による災禍も加わり、
熾烈さを増し、社会やコミュニティを混沌・恐怖・喪失等に満ちた惨禍に陥れ
てきた。

　なかでも感染症・伝染病による災禍の影響はきわめて大きく、中世の「黒死
病」が当時のヨーロッパ人口の大半を失わせたり、天然痘がインカ帝国を壊滅
させたりするなど、その猛威は文明そのものを消失に至らしめる威力を持って
いたことはよく知られている。

　本稿で取り上げる1918年から1920年を中心として発生した「スペイン風邪」
パンデミックもその一例である。世界全体で第一次世界大戦の死者数の数倍に
あたる2,000万から4,500万もの人命を奪い、「記録のある限り人類の歴史始まっ
て以来最大」の災禍であった（速水：2006、p.13）。「当時の世界人口16億人の
内、少なくとも5億人が感染」したとされる（加藤：2013、p.139）。

　2020年の新型コロナウイルス感染症（以下、COVID-19）の流行が現代の人
類社会に与えた影響が未だ見通せていないなか、スペイン風邪が当時の子ども
の「いのち・生活・発達」に多大な災禍・影響をもたらしたことは容易に推察
できる。藤原（2020a）は「多数の人びとが生命の危機にさらされる事件が起
こるたびに、危機以前から医療、福祉、食糧がきちんといきわたる仕組みだっ
たのか、災害や経済危機に対応できる政治や社会だったのか反省が迫られ」る
が「スペインかぜも第一次世界大戦という出来事の影で忘却」されていったと
指摘する。他の災害事象と同様に「一過性」のものとして捉えられ、子どもに
与えた災禍・影響は等閑視されてきた。教育史研究においてもスペイン風邪が

主たるテーマとなることはほぼ皆無であった。

　以上の動向をふまえて本稿では、日本においても猛威をふるったスペイン風邪（1918 〜 1920）のもとでの子どもの感染実態や各種の困難、学校や教師の対応等の諸相について検討する。特に第一波の感染実態を中心に取り上げ、感染症パンデミックにおいて子どもの「いのち・生活・発達」を守るための教育課題について明らかにしていく。

Ⅱ．スペイン風邪と子ども・学校教育に関する先行研究の検討

　スペイン風邪と子ども・学校教育に関する事項について、例えば『学校保健百年史』ではスペイン風邪と時期を同じくする「学校伝染病予防規定」の改正の記述等にとどまっている。当時の学校教育におけるスペイン風邪の実態等は描かれておらず、学校保健行政における位置づけは小さい（文部省・日本学校保健会：1973、p.190）。

　都道府県の教育史誌等においてスペイン風邪と子ども・学校教育に関する事項について簡略的に記述されることもあるが（東京都立教育研究所：1996、p.103など）、教育史研究の主たるテーマとしては扱われていない。

　スペイン風邪の歴史研究において一部、学校教育が取り上げられている。代表的なスペイン風邪研究として速水（2006）があるが、これは歴史人口学の立場から実態を明らかにした日本初の研究書であり、各地の学校の熾烈な流行状況が新聞報道から詳述されている。日本全体で約39万人とされる死者数についても内務省衛生局報告書『流行性感冒』の統計記録の不十分さを指摘し、さらに多い約45万人としている。

　小田（2015）は「感染症は多くの人の人生に影響を与えるだけでなく社会にも大きな波紋を広げる」ことから、スペイン風邪を通して時代を浮き彫りにするために、東北地方における流行を整理するなかで学校の流行について扱っている。向井ほか（2020）と栗三（2020）も富山県の事例を扱う中で学校での感染の実態を取り上げている。いずれもスペイン風邪感染の温床として学校が描写されている。

　こうしたなか梅野（2021）が、史料としての校友会雑誌の活用可能性を検討

するなかで、生徒・学生による追悼文等の記述をもとに流行性感冒（スペイン
風邪）の「忘れられた」歴史を明らかにする重要な試みを行っている。大谷
（2021）も「災害史研究・感染症史研究もともに社会史的な視点が重要である」
とし、ある少年の日誌を手掛かりとし、その「体験とその時の感情に寄り添い
ながら、災害復旧・感染症流行下における一人の中学生の生活史を詳らかにす
る」ことを試みている。

　磯田ほか（2021）はパンデミック研究において「治療に当たった医療者の視
点から書かれた歴史は豊富に残っているのに、患者の側から書かれた歴史はほ
とんど残っていない」という「患者史」の視点の不足を指摘する。「どうや
って感染したか、どんな症状があったかなどという患者の体験こそ、『命を守る
ための教訓』に満ちている」と述べ、患者側から見た歴史の重要性を強調して
いる（磯田ほか：2021、p.206）。

　以上の検討から、学校は単にスペイン風邪拡大の温床として描かれることが
多く、スペイン風邪対応において学校・教師の果たした積極的役割や、その後
の学校衛生行政に与えた影響等は十分に明らかになっていない。

　前述の子どもの「いのち・生活・発達」という概念は、「生存の危機」にす
ら晒されたパンデミック下の子どもの危機・困難の全体像を捉えるための視点
である。その際、「患者史」の視点の必要性も指摘されていることも踏まえ、
本研究では「みな大変なのだから」という論理でかき消されてしまいがちな子
ども当事者の視点から、パンデミックの実相を捉え直すことも重視したい。

Ⅲ．スペイン風邪パンデミック（1918年〜20年）の発生と行政対応

　スペイン風邪は1918年3月を皮切りに、第一次世界大戦下の米国カンザス州
の陸軍基地から世界各地に拡大していった（クロスビー：2004、p.39）。米軍
の欧州戦線投入により、「フランス、イタリア、ドイツ、スペイン、英国、ロ
シアへと拡散、同年6月頃までにアフリカ、アジア、南米まで」広がった（岡
部・和田：2020、p.87）。当時はまだ原因となる「ウイルス」自体も発見され
ておらず、世界規模の正体不明の感染症災害によって大きな人的被害がもたら
された。

　通常のインフルエンザ死亡率は0.1%以下に対し、スペイン風邪の場合には2.5%以上の死亡率と考えられており、10歳〜30歳の若年層の犠牲者が多かったことも特徴である。死因の多くが急性の肺出血・肺浮腫であったことからも、スペイン風邪の症状がいかに劇的であるのかが推察される（小山・佐藤：2009、p.J39）。

　当時、日本では第一次世界大戦を通じて資本独占が進行する過程で、貧困・不衛生・疾病等の社会問題が一層深刻化していた。都市生活不安定層・失業の増加、農村荒廃は貧困と疾病に直結し、死亡率・乳児死亡率は大正期にピークを形成した。当時死亡率は1,000人につき20人程度であったが、スペイン風邪の大流行により1918（大正7）年に27.3人、1920（大正9）年は25.4人を記録した（長谷川：1995、p.82）。

　このような社会的背景のもと、軍隊・工場・学校等の集団活動が行われている場所におけるスペイン風邪の感染拡大が深刻化した。内務省衛生局（2008）は「第一回流行」の期間を1918（大正7）年8月〜1919（大正8）年7月としている。8月下旬からはじまった流行は「10月末になると郵便・電話局員、工場・炭鉱労働者、鉄道会社従業員、医療従事者等も巻き込み、経済活動や公共サービス、医療に支障」を来すようになった（岡部・和田：2020、p.89）。

　この第1回流行の感染者数が最も多く、約2,117万人と実に人口の37%が罹患し、このうち総死亡者数は25万7千人で致死率は1.2%に上った。第2回流行（1919年9月〜1920年7月）は総患者数が約241万人、総死亡者数は約12万8千人で致死率が5.3%と高い。第3回流行（1920年8月〜1921年7月）は総患者数が約22万人に減少し（岡部・和田：2020）、すでに季節性インフルエンザへと移行しているように見える。最終的な感染者数は約2,380万人で、当時の日本人口が約5,473万人のため、およそ人口の半数以上が感染したことになる。

　第1回流行への行政対応は手探りで行われたが、通牒など一般への注意喚起と適当な予防上の処置の実施がめざされ、山間・僻地へも医師・看護師の派遣がなされた。病気による失業者に対する医療救済や、各種慈善団体への協力要請とそれに基づく救療施策が実施された。1919（大正8）年1月には予防マニュアルである「流行性感冒心得」が5万冊配布された。

　第2回流行では国民自衛心の喚起と一般予防方法の奨励がなされ、市町村の

伝染病院、隔離病舎の利用、マスク着用、含嗽、予防注射等の一般官公吏による率先実施がなされた。第3回流行では大臣訓令・「流行性感冒予防要項」に基づく予防計画の確立と実施がなされた（渡邉：2021）。

図1　内務省衛生局「流行性感冒」ポスター

https://www.niph.go.jp/toshokan/koten/Statistics/10008882-p.html

IV．スペイン風邪による日本の子ども・学校教育への影響

　スペイン風邪は軍隊や工場、そして学校という集団活動が行われている場所での感染拡大が深刻化し、結果的に全国的な学校閉鎖が行われた。文部省は1918（大正7）年10月26日に感冒注意通牒を全国各府県知事並びに直轄学校長宛に発し、教職員・学校医を促して本病に関する衛生講話や登校禁止等の処置をとるように指示したが、感染はこの対応を待たずに拡大していった。（『教育時論』1208号）。

　文部省は「文部省直轄学校流行性感冒に関する調査」にて全国での対応と教育への影響を調べたが、1918（大正7）年11月5日時点において既に直轄学校55校のうち54校が悉く被害を被っていた。22校が衛生講話を実施し、感染は直轄校の子どもの36.8％、教師の29.8％に及んでいた（『帝国教育』第441号）。

　内務省衛生局報告書『流行性感冒』によれば、学校内に患者が2、3名発生した段階で直ちに集団流行になる例が多く、特に学校寄宿舎等で多く見られた。そのため各府県は中等学校、小学校に対してかなりの注意を払わせてい

た。温度および湿度の調節に気を配らせたり、うがいおよび唾・喀痰の消毒を奨励するために「うがい剤」の配給、「唾壺」の備え付けをさせたりして、予防に努めていた。

　罹患児童生徒の登校を禁止し、学校内またはその付近に本病流行の兆しがある時には学校全部または一部を閉鎖した。学校に体温計を備え付け、体温が37.5℃以上の児童生徒には登校停止、咳やくしゃみの症状がある者には教室内でマスク着用、健康者にも室外で常に着用させたところもあった。全国的に学校の全部または一部を閉鎖したが、多くの学校で閉鎖の判断が遅く、感染者増加に伴って結果的に閉鎖に追い込まれた。

　以下、「流行性感冒」関連の新聞記事より各地の様子を描写する。特に第1回流行初期の報道からは、急速に拡大する感染に混乱する状況がみてとれる。

　東京では1918年（大正7）年10月24日に「旦下各地に蔓延しつつある悪性流行性感冒は、東京府下と市内にも蔓延して、巡査教習所或いは電話交換局乃至は学校等」にまで及んできているが、東京府庁学務課清水視学が「当課に於いては赤十字病院の医師に調査させました。その報告によると、今回の流行性感冒は大したものではなく、一日、二日が峠で約四十度の発熱を見るが、四日間も経過すれば全治するそうです。各校に対しては、それぞれ校医に適当な処置を執らして居ます」と語り、当初は感染拡大が過小評価されていた（『時事新報』1918年10月24日）。しかし翌日には「東京府下に於ける流行性感冒は一時猖獗を極め」る状況で「東京市にては、二十五日午後一時より市内小学校専任校医五十九名を召集して、悪疫予防に関する協議会を開催する事に決せり」とあり、学校内での対応が急がれた（『時事新報』1918年10月25日）。

　関西方面でも感染拡大は深刻であった。神戸市では「患者数は九千六百二十五名、内死亡五十四名にて、中学生徒最も多く約半数以上に達せり」と中学生の死亡率の高さが報道された（『時事新報』1918年10月29日）。大阪市では「予防の方法付かざるにより遂に市内百二校の小学校を始め附属幼稚園、裁縫学校、補習学校等全部に対し四日より向こう一週間閉鎖休業を命じ、四日区役所を通じてそれぞれ伝達せしめ」、全市の小学校等閉鎖に踏み切った（『大阪朝日新聞』1918年11月5日）。

　大都市圏だけでなく、感染は各地方都市にも蔓延していった。宮城県では連

日のように感染者増加の学校事情が報道され、児童生徒が密集する教室が感染の温床になっていることが指摘された（『河北新報』1918年10月30日）。仙台市の小学校長と学校医による会議では「中には全部閉校を主張する者もあったが、義務教育上、遺憾」（『河北新報』1918年11月15日）とのように、休校が最適であるものの長期化すれば教育に各種の支障が出るという難点が指摘されており、現代とも重なるところである。

　福岡県では福岡郵便局の郵便配達夫25名、電報係17名の欠員に対して、福岡高等小学校2年生20名、住吉高等小学校9名が放課後に業務にあたったという報道があり（『大阪朝日新聞』1918年11月5日）、感染拡大によって打撃を受けている各種インフラの維持のために高等小学校児童も使役される事態となっていた。

　こうした状況に対して東京衛生施設審議では「（一）教室内を適当に温むること、（二）掃除を児童に課せざること、（三）早朝登校の生徒を教場内に集めて暖を取らしむること、（四）寒気の強き間過激の体操を爲さしめざること」が申し合せられるなど（『教育時論』1219号）、必要な対応の検討が重ねられた。

　当時の学校現場での予防対応としては、①衛生講話、②「ガーゼマスク」使用の奨励、③放課後の換気や日光の照射、④紙屑類の廃棄、⑤始業時間の1時間短縮、⑥蔓延の恐れがある際に欠席者数に係わらず行う学級閉鎖、⑦全校閉鎖、重曹水の備蓄、予防注射の奨励等が行われていた（『日本学校衛生』第8巻3号）。

　過去に類を見ない状況であるために、学校現場でも手探りのなかで対応が行われていた。例えば静岡県賀茂郡上河津尋常高等小学校の『校務日誌』には、全国的な感染拡大を受け、日増しに緊張感が高まり、警官も参加・登壇する衛生講話を実施していたことなどが示されている（上河津尋常高等小学校：1918）。他にも宮城県登米尋常高等小学校の『通達簿』には、身体の加減が悪い児童が無理に出席することがないよう注意する校長の通達が記録されている（登米尋常高等小学校：1918）。学校の対応の具体を明らかにするためには同様の史資料の調査検討が必要である。

　子どもがスペイン風邪をどう捉えていたのか、現在、その声はほとんど不明

である。2020（令和2）年に京都・正徳寺で発見された当時12歳の女児の日記には、スペイン風邪に直面した子どもの日常が一変していく様子が描かれている（**表1**）（京都新聞：2020、神戸新聞：2020）。

　親族を含めて多くの人が亡くなっていく事態に心を痛め、「こはくなる」思いを重ねていたことがわかる。じきに自身も感染し、学校での学びについての不安なども吐露されている。

　さらには米騒動に続く不況の中で、両親や家族の感染で生活危機に陥り自殺する者や、両親の死亡によって「物乞い」となる子どもも居り（栗三：2020、p.66）、孤児となった子どもの救済も急務の課題であった。しかし児童保護施設においても感染は熾烈を極め、例えば東京市養育院巣鴨分院では第1回流行時において収容児童383名中181名が感染した（『九恵：東京市養育院月報』第270号）。多くの子どもが「いのち・生活・発達」の危機に晒されていたことが推察される。

表1　京都・正徳寺で発見された女児の日記の抜き書き

〈10月22日〉この頃は大変いやな風が流行するので、先生も父母も私に気を付けよとおっしゃる。

〈11月2日〉此頃大層風が流行るから学校は今日から四日間お休みになった。学校は二百六十四人程の欠席者があった。

〈11月11日〉夜父は広島へおこしになって今晩から少しこはくなる。

〈11月12日〉この頃新聞を見ると黒枠の広告が沢山ついている。お友達の重田さんのお母さんも8日になくなられたそうで（中略）おくやみに行った。

〈11月28日〉（祖父の死亡）ついこの間、京都へ来られて私とピンポンをしたりして遊んだのに（中略）お茶のおけいこに行くのも忘れて泣いて泣いて泣き尽くしました。

〈2月20日〉今朝大変のどが痛かったので父が学校を休めとおっしゃったが強いて行った。

〈2月21日〉（自身の感染）病気で学校を休み一日寝ていた。

〈3月10日〉（回復）久しぶりに学校の門をくぐった。先生にお会いして、こんなに長い間休んだら落第になりますかとお尋ねしようと思っていたが、なんだか言いがたかった。お友達から試験のお話を聞けば聞くほど心配が増した。

（京都新聞：2020、神戸新聞：2020）

V．スペイン風邪で明らかになった学校衛生上の課題

　スペイン風邪は各地の学校衛生上の課題を白日の下に晒した。東京では「市学校衛生行政上の現実暴露也」「時機を誤れる学校閉鎖」等の批判がなされ（『医海時報』1919年2月7日）、政府の感染症対策における「惰眠的態度」等も指摘された。

　富山県学校衛生主事は1919（大正8年）3月に「北陸タイムス」のなかで「県内各郡の小学校に就て其衛生状態を見るに実に時代遅れの甚だしきものあり」「寒村等に至っては元より学校医等の嘱託もなく」「一度医診すれば驚くべし其大半は疾病者なるものさえあり、実に危険極まる事というべし」「現在の学校に於ける学童衛生は殆ど形式的のもの多く、かくては恰も病菌を媒介伝播せしむる如きものにして其危険なる事、いうばかりなし」と厳しく批判し、学校衛生行政の現実を明らかにしている（栗三：2020、p.58）。

　1919（大正8）年8月に「学校伝染病予防規定」が制定公布される。スペイン風邪の第1回流行が一応の収束をみた頃であり、前身の「学校伝染病予防及消毒方法」と比較すると、新しくトラホームなどいくつかの疾病が追加指定され、学校防疫体制も時代に即応するための改善が図られた。

　登校禁止、学校閉鎖の事項について、学校長が必要に応じ、校医の診断を求めて速やかに必要な措置をとれるように新たに定めており、校内の具体的な消毒方法等に関する要項が3項目から8項目に増加し、詳細な記述へと変化している（『官報』第2121号）。学校内において子どもを感染症から防護防疫するため、校内の衛生環境を保全するための具体的な対応方法が周知されるようになった。

VI．おわりに

　本稿では、日本においても猛威をふるったスペイン風邪（1918 ～ 1920）のもとでの子どもの感染実態や各種の困難、学校や教師の対応等の諸相について明らかにしてきた。

　スペイン風邪は強毒性のインフルエンザが蔓延するパンデミックであった。病原体が不明の深刻な感染実態のなかで、教師・学校医らは様々な予防方法を講じて懸命に対処した。蔓延の温床になる側面もありつつ、学校教育機関が子どもを守るために積極的に取り組んだのも事実である。一部の地域・学校では、例えば休校の長期化による義務教育上の支障に関する議論が行われたり、体調の悪い児童を無理に出席させないような配慮をしたり、学びと子どもたちの保護の両立に向けた教育課題が示されていた。

　スペイン風邪は最終的に季節性インフルエンザへと移行し、罹患率・死亡率も徐々に低下していった。スペイン風邪を受けてその後、「学校伝染病予防規定」の改正や「流行性感冒予防要項」等の対応が規定される。しかし、赤痢・腸チフス・結核等の高い死亡率の疾病が依然蔓延するなかで、スペイン風邪は風化に晒され、忘れ去られていった。

　藤原（2020b）は「社会的に弱い立場の方ほど感染リスクが高く、危機の際はすぐに困窮が深まってしまう問題点は今も改善されないまま残ってい」ると指摘する。当時の子どもたちも周囲の多くの人が亡くなっていく事態に心を痛め、パンデミックという一種の巨大災害に対して大きな恐怖・不安を抱えていた。しかし、そうした子どもたちの実態はほとんど注視されることなく、むしろ人手不足・インフラ維持のために子どもたちが使役される事態さえあった。

　わずかに残る史資料からは当時の子どもの抱えていた不安・恐怖や困難が垣間見えるが、「みな大変なのだから」という論理がまかりとおる感染症災害のなかで、子どもが「いのち・生活・発達」の危機を抱えるという構造は現代と共通する。歴史的連続性を子細に検討する上でも、スペイン風邪パンデミック当事者としての子どもの声・ニーズを歴史的に明らかにする必要がある。

　COVID-19対応のなかで学校が子どもを保護し、支えるシステムであることも改めて明らかになってきていることも踏まえて（能田ほか：2021、髙橋ほか：2022）、感染症災害史の中で軽視されがちな学校教育機関が果たした役割や課題、その後の対応の継承・制度化の如何も含めて解明していくことが当面の課題である。

文献

朝日新聞社（1954）『朝日新聞重要紙面の七十五年』。

クロスビー，W・アルフレッド著・西村秀一訳（2004）『史上最悪のインフルエンザ 忘れられたパンデミック』みすず書房。

『大日本私立衛生会雑誌』1920（大正 9）年 1 月 15 日。

藤原辰史（2020a）「新型コロナウイルス　スペインかぜからの教訓」（視点・論点）、NHK・「解説委員室」HP 記事、2020 年 5 月 26 日。
https://www.nhk.or.jp/kaisetsu-blog/400/429818.html

藤原辰史（2020b）【緊急特集】パンデミック「スペインかぜ」から 100 年「歴史から何を教訓にし、何に対峙すべきか」、大阪府保険医協会 HP 記事、2020 年 7 月 25 日。
https://osaka-hk.org/posts/%E3%80%90%E7%B7%8A%E6%80%A5%E7%89%B9%E9%9B%86%E3%80%91%E3%83%91%E3%83%B3%E3%83%87%E3%83%9F%E3%83%83%E3%82%AF%E3%80%8C%E3%82%B9%E3%83%9A%E3%82%A4%E3%83%B3%E3%81%8B%E3%81%9C%E3%80%8D%E3%81%8B%E3%82%8910

長谷川千恵美（1995）明治〜大正中期における児童の疾病・健康問題―身体虚弱児教育形成前史の一考察―、『教育学雑誌』第 29 巻、pp.80-92。

速水融（2006）『日本を襲ったスペイン・インフルエンザ―人類とウイルスの第一次世界戦争―』藤原書店。

石井智也・能田昴・田部絢子・髙橋智（2022）デンマークにおけるコロナ禍と子どもの「いのち・生活・発達の危機」に関する動向、『東海学院大学研究年報』第 7 巻、pp.101-109。

磯田道史・高島礼子（2021）スペイン風邪に学ぶ教訓、『潮』2021 年 2 月号、pp.200-207。

『医海時報』1920（大正 9）年 2 月 7 日。

『時事新報』1918（大正 7）年 10 月 24 日。

『時事新報』1918（大正 7）年 10 月 25 日。

『時事新報』1918（大正 7）年 10 月 29 日。

『河北新報』1918（大正 7）年 10 月 30 日。

『河北新報』1918（大正 7）年 11 月 15 日。

河北新報（2020）スペイン風邪の教訓―河北新報が伝えたパンデミック（2）―学校休校措置巡り議論紛糾、『河北新報』2020 年 6 月 9 日。

上河津尋常高等小学校（1918）『校務日誌』。

『官報』第 2121 号、1919（大正 8）年 8 月 29 日。

加藤茂孝（2013）『人類と感染症の歴史―未知なる恐怖を越えて―』丸善出版。

神戸新聞（2020）12 歳少女がつづる 1 世紀前のスペイン風邪日記、『神戸新聞』2020 年 5 月 24 日。

小山卓美・佐藤国雄（2009）1918 年パンデミック（スペイン風邪）の原因ウイルスの

もつ異常な増殖力と病原性は，主にウイルス遺伝子のRNAポリメラーゼ複合体に起因する、『日本家禽学会誌』第46巻J1号、pp.J39-J40。

栗三直隆（2020）『スペイン風邪の記憶―大流行の富山県―』桂書房。

『教育時論』1208号、1918（大正7）年11月5日。

『教育時論』1219号、1919（大正8）年2月25日。

京都新聞（2020）少女の日記に100年前のスペイン風邪「少しこはくなる」不安な胸の内、京都で発見、『京都新聞』2020年5月24日。

『九恵：東京市養育院月報』第270号、1919（大正8）年3月25日。

文部省監修・日本学校保健会編（1973）『学校保健百年史』第一法規。

向井嘉之・金澤敏子・鷹島荘一郎（2020）『悪疫と飢餓―「スペイン風邪」富山の記録―』能登印刷出版部。

内務省衛生局編（2008）『流行性感冒』東洋文庫778、平凡社。

『日本学校衛生』第8巻第3号、1920（大正9）年3月15日。

能田昂・石川衣紀・田部絢子・髙橋智（2021）スウェーデンにおけるコロナ禍と子どもの発達危機に関する動向、『SNEジャーナル』第27巻1号、pp.158-168。

小田康子（2015）『スペイン風邪流行とその時代―東北地方と第二師団での流行を中心に―』文芸社。

岡部信彦・和田耕治（2020）『新型インフルエンザパンデミックに日本はいかに立ち向かってきたか―1918年スペインインフルエンザから現在までの歩み―』南山堂。

『大阪朝日新聞』1918年（大正7）年11月5日。

大谷伸治（2021）「矢部貞治日誌」にみる災害と感染症―大正七年鳥取大洪水とスペイン風邪―、『北大史学』第61号、pp.48-61。

髙橋智・能田昂・石川衣紀・石井智也・田部絢子（2022）北欧諸国のコロナ禍における子どもの発達危機と発達支援に関する動向―ノルウェー・フィンランドを中心に―、『日本大学人文科学研究所紀要』第103号、pp.135-147。

『帝国教育』第441号、1919（大正8）年4月1日。

東京都立教育研究所（1996）『東京都教育史通史編三』。

登米尋常高等小学校（1918）『通達簿』、1918（大正7）年11月18日。

梅野正信（2021）『學習院輔仁會雑誌』に記された「流行性感冒」（1918～1921）、『学習院大学教育学・教育実践論叢』第7巻、pp.15-28。

渡邊直樹（2021）今こそ"医は仁術"忘れていませんか…?―スペイン風邪と新型コロナをめぐって―、東北歴史博物館令和2年度れきはく講座資料。

　　　　　　※インターネットリソースはすべて2022年8月20日に最終閲覧した。

136　　　　　　　　　　SNEジャーナル, 28(1), 2022, 136－147

報　告

コロナ禍における子どもの食の
困難・リスクに関する動向

田部 絢子
（金沢大学人間社会研究域学校教育系）

髙橋 智
（日本大学文理学部教育学科）

Ⅰ．はじめに

　新型コロナウイルス感染症（以下、COVID-19）への不安・恐怖、自粛・我慢を強いられる先行きの見えない生活の中で、抑うつや孤独・孤立、睡眠・食・生活リズムの乱れ、学校に行きづらいと感じる子ども、自傷行為、自殺者数の増加など、多様で深刻な影響が報告されつつある（国立成育医療研究センター：2021a、大阪府立大学山野則子研究室：2021）。パンデミックに伴う学校閉鎖や社会的制約は子どもにおいて「教育や身体活動、社会的発達の機会を奪われることを意味」し（内海：2020）、健康被害やQOLの低下に繋がることも危惧されている（森内：2021）。

　国連・子どもの権利委員会は2020年4月8日に「COVID-19に関する声明」を発出し、COVID-19パンデミックが世界中の子ども（特に脆弱な状況に置か

キーワード

コロナ禍　COVID-19

子ども　Children

食の困難・リスク　Eating Difficulties and Risks

レビュー　Review

れている子ども）に及ぼす重大な身体的、情緒的および心理的影響について警告するとともに、各国に対して子どもの権利を保護するよう求めている。子どもが抱える不安・ストレスや発達の困難・リスクを捉え、彼らが求める理解・支援ニーズを把握することが緊要の課題である。そのことに係り、Petrettoほか（2020）はパンデミック下の子どもの気持ちや子どもを取り巻く問題は注目を集めていないと指摘し、Nijmanほか（2021）も社会や政府は成人に焦点を合わせており、子どもの声はほとんど聞かれていないと指摘している。

　それゆえに本稿では、子どもが生きていく上での基盤となる「食」を中心に、コロナ禍における子どもの発達上の困難・リスクに関する国内外の研究動向を概観し、発達支援の課題を明らかにすることを目的とする。対象となる研究は「新型コロナウィルス感染症／COVID-19」「子ども／Children」「食／eating」「摂食困難／eating/feeding difficulties」「摂食問題／eating/feeding problems」「摂食障害／eating disorder」をキーワードとし、Google Scholar及びPub Medを用いて2020年以降2022年2月までの国内外の研究を検索し、検索された115件の研究のうち、本稿の目的に照らして関連のある36件の研究を採用した。

Ⅱ．コロナ禍における子どもの
睡眠・生活リズム・生活習慣等の乱れと食の困難

　コロナ禍では子どもの生活にも制約や変化が生じ、睡眠・生活リズム・生活習慣等の乱れや困難が増している。セーブ・ザ・チルドレン・ジャパン（2020）の調査では、「生活習慣の乱れ」は約10人に1人（9.2％）にみられ、高校生が最も多かった。髙橋ほか（2021）・朝日新聞（2021）では、「テレビやネット等の視聴時間が増えた」「運動不足等、身体を動かすことが減った」「就寝時間や起床時間の遅れ、昼寝等の睡眠リズムが乱れた」等の変化がみられる。「睡眠リズムの変化」と「メリハリのある生活ができなくなった」「食生活の乱れや栄養のバランスが悪くなった」「学校の宿題や課題が多くなり負担が増えた」「気持ちの浮き沈みが激しくなり、気持ちのコントロールが難しくなった」等に相関があることが示されている。

　これは国際的にも共通する傾向であり、COVID-19は子どもの気分や行動、食事や睡眠パターンにも顕著な影響を及ぼしていることが指摘されている（Sanciliほか：2021）。Tiwariほか（2021）は、インドの9〜11歳の子どもの母親を対象に調査を行い、パンデミック発生後に子どもの精神的不安定、遊びへの関心低下等が現れ、例えば「娘の食事と遊びの習慣はひどく乱れている」「2週間の封鎖後に食事量は日々減少している。頑固になってすぐにイライラし、頻繁に腹痛、睡眠不足・困難を訴えたり、食べ物に味を感じない」等のように睡眠障害・食欲不振・味覚低下・消化不良や体の痛みの訴えを紹介している。

　Zenginほか（2021）は、トルコの子ども（9〜12歳）において栄養（54.0%）、睡眠（61.5%）、テレビ／インターネットの使用（71.8%）の変化がみられ、50%の子どもに食事の頻度・量が増加していたことなど、91.9%の子どものライフスタイルに重要な影響を及ぼしたことを示している。Segreほか（2021）は2020年5〜6月にイタリアのミラノ市の小中学生（6〜14歳）を対象に調査を行い、小中学生の78%に不安症状があり、43.9%は重大な気分症状を訴えていること、気分の変化（21.2%）や睡眠障害（20%）を示し、43.9%は食生活が大きく変化して、これらは主に小学生で観察されたことを明らかにしている。

　Arabyほか（2021）は、エジプトのこども（6〜14歳）において睡眠パターンの変化96.4%、食事パターンの変化77.8%、健康状態の心配21.7%、気分や攻撃的行動の変化70.5%、集中力の問題37.3%、女児の77.8%に夜尿の再発等がみられ、最も影響を受けた年齢層は8-10歳であることを明らかにしている。Alamrawyほか（2021）もエジプトの14〜24歳の若者調査を行い、パンデミック下では回答者の半数（49.9%）で毎日の食事回数に変化がみられ、新たな習慣として夜食29.3%が現れた。37.4%が体重増加、20%が体重減少となり、体重及び食事の変化とうつ病、不安神経症、不眠症とに有意な関連　（p<0.001）を指摘している。

Ⅲ．コロナ禍における子どもの食行動と栄養状態

　COVID-19に伴う休校と学校給食の休止によって子どもの身体活動量の減少や肥満傾向、食や栄養を学校給食で補えないという問題もみられる（川嶋ほか：2021, Takakuほか：2021）。

　土屋（2021）は、全国一斉休校中に福島県の小中学校・特別支援学校の児童生徒の朝食摂取率が大きく低下し、給食休止期間の昼食では「主食のみ」「主食＋主菜」の食事の者が全ての学年で70％前後であり、臨時休校中に牛乳を飲まなかった児童生徒も4割に上ることを指摘している。休校中には肥満傾向児出現率の増加がみられ、肥満の高度化あるいは標準体重から痩身傾向になったなどの体格の二極化が進み、肥満と他項目間では昼食の食事バランス、夕食の主食・副菜の摂取頻度に有意な関連がみられたこと、一方、コロナ禍の夕食では保護者の在宅率が高く、共食率への連動や食事バランスの改善につながったことを示している。

　上記のことは国際的にみられる動向である。米国ではパンデミック前の2019年段階で米国農務省（USDA）のナショナルスクールランチプログラム（NSLP）とスクールブレックファーストプログラム（SBP）が、毎日約1,500万の朝食と3,000万の昼食を低コストまたは無償で提供していた。COVID-19に伴う長期的な学校閉鎖は子どもがこれらの食事にアクセスできなくなり、食糧保障と栄養摂取を低下させる可能性が高まった。そこでUSDAは、2020年3〜5月の学校閉鎖中の学校給食運営を州が柔軟に調整できるように規制緩和し、学校の駐車場、コミュニティセンター、図書館、集合住宅、教会等にて給食を配給したり、一度に1週間分の食事をまとめて提供するなどの対策が講じられた（Kinseyほか：2020）。Martinほか（2020）は、食や栄養を学校給食で補えないという食糧不安の問題は子ども・若者の健康への長期的影響が懸念されるため、学校が栄養援助と保健サービスを提供し続ける必要があると述べている。こうした取り組みを通して、学校給食は米国の社会的セーフティネットの重要な要素であることが再認識された。

　コロナ禍における子どもの食事内容の問題に関しても多くの指摘がある。と

くに、ロックダウン中にジャンクフード、パン・ピザ・ベーカリー製品、揚げ物、肉（赤肉・加工肉）、甘いスナックや飲料、菓子などの摂取量が増加していた（Ruiz-Rosoほか：2020, Segreほか：2021, Pietrobelliほか：2020, Pujiaほか：2021, Teixeiraほか：2021）。Philippeほか（2021）は、フランスの3〜12歳の子どもの保護者498人を対象にロックダウン中の食習慣を調査し、ロックダウン中に行動変化した子どもでは、食物の嗜好以外のすべての食行動が有意に増加し、平均スコアの最も高い増加は感情的過食（＋0.61）と食物応答性（＋0.44）であった。ロックダウンに伴う家庭における子どもの退屈の増加が感情的過食、食物の応答性、間食の頻度増加と有意に関連していた。一方、ロックダウンによる在宅時間の増加は、親の教育レベルの高い家庭においては子どもと一緒の料理、自家製調理食品の準備、地元産食品の購入等を促進したと考察されている。

　また各国から子どもの体重増加が報告され、コロナ禍では小児肥満の発症に関連する生物学的、心理社会的、行動的要因が拡大している（Tsenoliほか：2021）。例えばKoletzkoほか（2021）は、ドイツの14歳以下の子どもの親に調査し、コロナ禍に伴う子どもの体重増加は9%の親から報告され、すべての子どもの38%、10歳以上の子どもにおいては約60%に身体活動の減少がみられたと報告している。

Ⅳ．コロナ禍における子どもの摂食障害

　近年、国内外において10代の「摂食障害（eating disorder）」（以下、ED）が増加傾向にあったが、COVID-19パンデミックはEDを有する人々の生活を変え、EDの対処システムを制限し、回復への障壁となっている。

　Takakuraほか（2022）は、最初の非常事態宣言（2020年4月7日）後に初診で診療所を訪れたEDの患者は若く、特にこの時期にEDを発症した患者の年齢の中央値（14歳）の低さに着目している。最初の非常事態宣言では全国の全ての学校が閉鎖し、人的接触を大幅に減らしたことが子どものストレスを高め、孤立感・孤独感・うつ病または不安感を引き起こした可能性がある。

　日本摂食障害協会（2021）の調査では、ED当事者の93%が感染拡大の影響

を感じており、10代では影響がないという回答はなく、約9割が大きな影響があると回答するなど、コロナ禍で深刻化する子どもの発達困難等の実態が浮き彫りになっている。コロナ禍が子どもの摂食障害に及ぼす影響について小児科医の作田亮一氏は、「普段と異なる環境ストレス（コロナ感染の不安、休校による対人コミュニケーション機会の減少、部活動など予定されていたイベントの中止など）」と「体型を気にするイベント（コロナ太りを気にしてダイエット、運動不足解消のため家庭内で運動など）」が重なり合い、これらが拒食のトリガーになった可能性を指摘し、さらに子どもはメディアや SNS の情報発信（コロナ太りを強調したダイエット番組、SNS でダイエット情報発信など）に敏感で影響も目立つことや休校再開後の対人面でのストレス、学習への不安が発症を加速させたことが特徴と述べている（日本摂食障害協会：2021）。国立成育医療研究センター（2021b）によるCOVID-19パンデミック下の子どもの心の実態調査では、2019年度と比較して2020年度では神経性食欲不振（神経性やせ症）の初診外来患者数が約1.6倍、新入院者数が約1.4倍に増加していることが判明した。

　国際的にも ED に関する報告が多くみられ、Cooper ほか（2022）はCOVID-19パンデミックにおいてEDを有する人に対する潜在的影響は驚異的であり、危険因子に対応した介入支援の必要性を指摘している（**表1**）。

　各国の医療機関からEDの症状悪化や新規患者の増加の報告が相次いでいる（Graell ほか：2020, Branley-Bell ほか：2020, Haripersad ほか：2021, Carison ほか：2022, Goldberg ほか：2022, Reed ほか：2022）。例えばカナダ小児科学会（CPS）の調査では、カナダ全土の小児科医の73％（108/148）がパンデミック前と比較してEDの小児・青年の患者数の増加を報告している（Vyver ほか：2021）。

　Spettigue ほか（2021）も、カナダの小児ED三次医療センター（9 ～ 17歳）の入院治療を必要とする子どもは63％急増し（2019年の患者41人に対して2020年の患者67人）、救急治療室での評価が必要なEDは28％増加したこと、40％の患児ではコロナ禍がEDの引き金になり、例えばロックダウンの結果として競技スポーツをやめなければならないストレス、一日中自宅で何もすることがなく退屈で孤独というストレスを指摘している。Toulany ほか（2022）も、

表1　COVID-19における ED を有する個人の危険因子

	Eating-disorder specific risk factors 摂食障害特有の危険因子
Food access 食べ物へのアクセス	Real or perceived food scarcity 実際のまたは知覚された食べ物の不足 Reduced access to food and/or specific food preferences 食べ物へのアクセスの減少および/または特定の食べ物の好み Food abundance due to reduced grocery trips 買い物に行く回数が減ったことによる食の豊かさ Greater demand on food stamp programs フードスタンププログラムの需要の増加 Increased eating-related guilt　食事に関する罪悪感の増加
Media and media messaging メディアとメディアメッセージ	Exposure to distressing media coverage of COVID-19 COVID-19に関する悲惨な報道の暴露 Social media comparisons　ソーシャルメディア上の比較 Increase in fatphobic messaging (e.g., "Quarantine 15") 脂肪恐怖症のメッセージの増加（例：「Quarantine 15（隔離15）」）
Exercise limitations 運動の制限	Limited avenues for exercise engagement and social exercise 運動をする機会や社会的な運動が制限されている Restrictive or restrained eating to compensate for exercise abstinence or general reductions in daily physical activity 運動不足や日常的な身体活動の減少を補うための食事制限や節制 Increased psychological distress　心理的苦痛の増加 Potential for withdrawal symptoms from exercise 運動による禁断症状の可能性
Restricted healthcare access 医療アクセスの制限	Inability to access higher levels of care　高次医療を受けることができない Telehealth restrictions　遠隔医療に関する制限 Lack of insurance coverage for telehealth, state regulations 遠隔医療に対する保険適用の欠如、州の規制
	Exacerbated risk factors in light of the COVID-19 pandemic COVID-19パンデミックにより悪化した危険因子
Stressful life events ストレスの多いライフイベント	Major changes to life circumstances　生活環境の大きな変化 Bereavement　死別 Gender-related differences　性別による違い Impacts on healthcare workers and individuals with COVID-19 医療従事者およびCOVID-19感染者への影響
Anxiety 不安	Increased uncertainty　不確実性の増加 Increased use of ED behaviors as coping mechanisms 対処メカニズムとしてのED行動の使用の増加 Hypervigilance of internal bodily states　身体内部の状態に対する過敏性
Social isolation and decreased social support 社会的孤立と社会的支援の減少	Separation from support systems　支援システムからの分離 Solitary self-isolation　孤独な自己隔離 Specific LGBTQIA+ concerns　LGBTQIA+特有の懸念
Trauma and abuse トラウマと虐待	Increased possibility of domestic violence　家庭内暴力の可能性の増加 Increased likelihood of household conflict　家庭内紛争の可能性の増加
Perfectionistic expectations 完璧主義的な期待	Normalization of perfectionism　完璧主義の常態化 Blurred work-life boundaries　仕事と生活の境界があいまいになる Pressure to focus on "self-improvement" 自己啓発に集中するようにというプレッシャー

Cooper,M., Reilly,E.E., Siegel,J.A., et al. (2022) Eating disorders during the COVID-19 pandemic and quarantine: an overview of risks and recommendations for treatment and early intervention. Eating disorders; 30(1): 54–76.

カナダの小児ED救急科（3〜17歳）の受診・入院はパンデミック前と比較して大幅に増加したが（受診66%、入院37%増加）、ED行動の誘発には不安の増大とコントロールの喪失感、運動量の低下や体重増加の恐れ、ソーシャルメディアに費やす時間や家族内のストレスの増加と症状の増加との関連を示唆している。

　一方、EDの患者当事者からはレジリエンスに関わる声も報告されている。例えば、米国・オランダで調査したTermorshuizenほか（2020）では、参加者の3分の1以上（米国49%、オランダ40%）でCOVID-19が生活に前向きな変化をもたらし、家族や友人との繋がりの感覚、回復志向の目標に集中する能力、適応的な対処スキルへの関与を報告している。

　Schleglほか（2020）は、神経性食欲不振症患者の生活の質（QOL）は患者の半数で悪化し、うつ病や不安症状が増加したが、対人心理療法や遠隔治療等を続けながら患者自身の対処法として最も有用だったものは毎日のルーチンを続けること、計画的で見通しのもてる生活、楽しい活動や経験と報告している。COVID-19パンデミックに伴う経験について、「現時点では外部からの多くの助けを期待できないので私はEDをうまくコントロールした」「拒食症はCOVID-19の重症化要因になるという脅威が私を目覚めさせ、生きたいと思っていることを私に示した」「パンデミック下の時間をどうするのか非常に心配していたが、不確実性に対処する方法を学ぶことはとても良かった。自分の気持ちに注意を払い、良い日と悪い日があることを受け入れ、何よりもその日を生きることを学び、自分が何を望み、どのように過ごしたいかを自発的に決めることができた」との肯定的な想いを25.8%の患者当事者が語っている。

V．おわりに

　本稿では、子どもが生きていく上での基盤となる食を中心に、コロナ禍における子どもの発達上の困難・リスクに関する国内外の研究動向を概観し、子どもの食に関わる発達支援の課題を検討してきた。

　子どもの食生活は子どもを取り巻く家族や社会の実相であると土屋（2021）は指摘している。長引くコロナ禍における心理的感情的な苦痛、貧弱な社会的

相互作用、遊びや娯楽の機会の欠如、封鎖による行動制限は、子どもにおいて膨大な不安・緊張・抑うつ・ストレス等を蓄積し、それに伴い本稿で紹介したような子どもの食の困難およびそれに伴う各種の発達困難を引き起こしていることが想定される。子どもの生活基盤の不安定さ、生活リズム障害、うつ等の心身の不調等も相まって、子どもの食生活や心身の発達への長期的な影響が強く懸念される。

　子どもの不安は身体化されやすく、広範囲な自律神経症状が出現する。コロナ禍以前から子どもの「生きづらさ」「からだのおかしさ」（野井：2021）が問題視されていたが、長期化するコロナ禍において健康危機・社会的孤立・経済不況などの多様なストレッサーが子どもの精神的・身体的な困難を引き起こしたり、摂食障害などの症状を悪化させる可能性があるとの指摘も多い。

　元来、「食べる」という行為は、心身全体の複雑な「協調」を伴う行為である。コロナ禍における子どもの心身の不安定な状態が、食の困難として顕在化しているともいえるが、子どもの食の困難およびそれに伴う各種の発達困難を改善していくためには、その基本に子どもにおける「安心・安全・信頼」の保障が不可欠である（田部・髙橋：2019）。

　今後は本稿でのレビューをふまえて、コロナ禍における子どもの発達上の困難・リスクに関する実態調査を行い、求められている発達支援の具体について解明していくことが当面の課題である。

附記

　本研究は、2019 年度科学研究費補助金基盤研究 C（研究代表：田部絢子、基盤（C）19K02941）、公益財団法人ロッテ財団「2020 年度（第 7 回）奨励研究助成」による研究成果の一部である。

文献

Alamrawy, R. G., Fadl, N. & Khaled, A.（2021）Psychiatric morbidity and dietary habits during COVID-19 pandemic: a cross-sectional study among Egyptian Youth（14–24 years）. Middle East Curr Psychiatry; 28: 6.

Araby, E., Emadeldin, E., & Zakaria, H.（2021）COVID-19 Quarantine Measures and Its Impact on Pattern of Life of School Children. The Egyptian Journal of Hospital Medicine; 82(2): 217-224.

朝日新聞（2021）コロナ下の授業「難しすぎる」5割：小中高生調査、『朝日新聞』2021年9月12日。

Branley-Bell, D. & Talbot, C. V. (2020) Exploring the impact of the COVID-19 pandemic and UK lockdown on individuals with experience of eating disorders. Journal of Eating Disorders;.8:44.

Carison, A., Babl, F. E. & O'Donnell, S. M. (2022) Increased paediatric emergency mental health and suicidality presentations during COVID-19 stay at home restrictions. Emergency Medicine Australasia; 34: 85-91.

Cooper, M., Reilly, E. E., Siegel, J. A., et al. (2022) Eating disorders during the COVID-19 pandemic and quarantine: an overview of risks and recommendations for treatment and early intervention. Eating disorders; 30(1): 54–76.

Goldberg, L., Ziv, A., Vardi, Y., et al. (2022) The effect of COVID-19 pandemic on hospitalizations and disease characteristics of adolescents with anorexia nervosa. European journal of pediatrics; 181 (4): 1767–1771.

Graell, M., Morón-Nozaleda, M. G., Camarneiro, R., et al. (2020) Children and adolescents with eating disorders during COVID-19 confinement: Difficulties and future challenges. European eating disorders review : the journal of the Eating Disorders Association, 28 (6) , 864–870.

Haripersad, Y. V., Kannegiesser-Bailey, M., Morton, K., et al (2021) Outbreak of anorexia nervosa admissions during the COVID-19 pandemic. Archives of Disease in Childhood; 106:e15.

川嶋愛・中西明美・鈴木隆司（2021）コロナ禍における小学校給食の栄養提供量および摂取率の検討、『千葉大学教育学部研究紀要』69、pp.223-229。

Kinsey, E. W., Hecht, A. A., Dunn, C. G., et al. (2020) School Closures During COVID-19: Opportunities for Innovation in Meal Service. American Journal of Public Health; 110 (11): 1635-1643.

国立成育医療研究センター（2021a）コロナ×こどもアンケート第4回調査報告書。

国立成育医療研究センター（2021b）コロナ禍の子どもの心の実態調査：摂食障害の「神経性やせ症」が1.6倍に。

Koletzko, B., Holzapfel, C., Schneider, U., & Hauner, H. (2021) Lifestyle and Body Weight Consequences of the COVID-19 Pandemic in Children: Increasing Disparity. Annals of Nutrition Metabolism; 77:1-3.

Martin, E. G., & Sorensen, L. C. (2020) Protecting the Health of Vulnerable Children and Adolescents During COVID-19–Related K-12 School Closures in the US. JAMA Health Forum; 1 (6): e200724.

森内浩幸（2021）子どもにとってのコロナウイルス感染症2019（COVID-19）、『日本小児科学会雑誌』125 (3)、pp.409-421

日本摂食障害協会 (2021) 日本財団 2019 年度支援事業調査報告書：新型コロナウィルス感染症が摂食障害に及ぼす影響。

Nijman, R. G. (2021) The impact of the COVID-19 pandemic on child health. Journal of Laboratory Medicine; 45 (6): 249-258.

野井真吾 (2021)『子どもの"からだと心"のクライシス「子ども時代」の保障に向けての提言』かもがわ出版。

大阪府立大学山野則子研究室 (2021) コロナ禍における子どもへの影響と支援方策のための横断的研究 (厚生労働科学特別研究事業)。

Petretto, D. R., Masala, I., & Masala, C. (2020) School Closure and Children in the Outbreak of COVID-19. Clinical practice and epidemiology in mental health; 16: 189–191.

Philippe, K., Chabanet, C., Issanchou, S., & Monnery-Patris, S. (2021) Child eating behaviors, parental feeding practices and food shopping motivations during the COVID-19 lockdown in France: (How) did they change?. Appetite;161: 105132.

Pietrobelli, A., Pecoraro, L., Ferruzzi, A., et al. (2020) Effects of COVID-19 Lockdown on Lifestyle Behaviors in Children with Obesity Living in Verona, Italy: A Longitudinal Study. Obesity;28 (8): 1382–1385.

Pujia, R., Ferro, Y., Maurotti, S., et al. (2021) The Effects of COVID-19 on the Eating Habits of Children and Adolescents in Italy: A Pilot Survey Study. Nutrients;13: 2641.

Reed, J., & Ort, K. (2022) The Rise of Eating Disorders During COVID-19 and the Impact on Treatment. Journal of the American Academy of Child and Adolescent Psychiatry; 61 (3): 349–350.

Ruiz-Roso, M. B., deCarvalhoPadilha, P., Mantilla-Escalante, et al. (2020) Covid-19 Confinement and Changes of Adolescent's Dietary Trends in Italy, Spain, Chile, Colombia and Brazil. Nutrients;12 (6), 1807.

Sancili, S., & Tugluk, M. N. (2021) Investigation of the problem behaviors emerging in children during the COVID-19 pandemic in Turkey. Southeast Asia Early Childhood Journal;10 (1): 101-116.

セーブ・ザ・チルドレン・ジャパン (2020)「子どもの声・気持ちをきかせてください！」2020 年春・緊急子どもアンケート結果 (全体版報告書)。

Schlegl, S., Maier, J., Meule, A., & Voderholzer, U. (2020) Eating disorders in times of the COVID-19 pandemic-Results from an online survey of patients with anorexia nervosa. The International journal of eating disorders; 53 (11): 1791–1800.

Segre, G., Campi, R., Scarpellini, F., et al. (2021) Interviewing children: the impact of the COVID-19 quarantine on children's perceived psychological distress and changes in routine. BMC pediatrics; 21 (1): 231.

Spettigue, W., Obeid, N., Erbach, M., et al. (2021) The impact of COVID-19 on adolescents with eating disorders: a cohort study. Journal of Eating Disorders; 9: 65.

田部絢子・髙橋智（2019）『発達障害等の子どもの食の困難と発達支援』風間書房。

髙橋智・田部絢子・石川衣紀・能田昴（2021）コロナ禍子どものニーズは？―懸命に生きる子どもの声のこしたい―直面する困難、柔軟な対応力も、『しんぶん赤旗』2021年11月23日。

Takaku, R., & Yokoyama, I. (2021) What the COVID-19 school closure left in its wake: Evidence from a regression discontinuity analysis in Japan. Journal of Public Economics; 195: 104364

Takakura, S., Toda, K., Yamashita, M. et al. (2022) Potential impact of the COVID-19 pandemic on japanese patients with eating disorders -a cross-sectional study. Bio Psycho Social Med ;16: 2.

Teixeira, M. T., Vitorino, R. S., da Silva, J. H., et al. (2021) Eating habits of children and adolescents during the COVID-19 pandemic: The impact of social isolation. Journal of human nutrition and dietetics; 34 (4): 670–678.

Termorshuizen J. D., Watson, H. J., Thornton, L. M., et al. (2020) Early impact of COVID-19 on individuals with self-reported eating disorders: A survey of ~1,000 individuals in the United States and the Netherlands. The International journal of eating disorders; 53 (11): 1780–1790.

Tiwari, G. K., Singh, A. K., Parihar, P., et al. (2021) Understanding the perceived psychological distress and health outcomes of children during COVID-19 pandemic. The Educational and Developmental Psychologist.

Toulany, A., Kurdyak, P., Guttmann, A., et al. (2022) . Acute Care Visits for Eating Disorders Among Children and Adolescents After the Onset of the COVID-19 Pandemic. The Journal of adolescent health; 70 (1): 42–47.

Tsenoli, M., Smith, J. E. M., Khan, M. AB. (2021) A community perspective of COVID-19 and obesity in children: Causes and consequences. Obesity Medicine;22:100327.

土屋久美（2021）新型コロナウィルス感染症対策による小中学校臨時休業時における食生活に関するアンケート調査、『桜の聖母短期大学紀要』45、pp.121-131。

内海裕美（2020）コロナ感染症と子どもたち―小児科診療室から―多方面に及ぶコロナ関連被害、『子ども白書2020』、pp.11-15、かもがわ出版。

Vyver, E., & Katzman, D. K. (2021) Anorexia nervosa: A paediatric health crisis during the COVID-19 pandemic. Paediatrics & child health; 26 (5): 317–318.

Zengin, M., Yayan, E. H., & Vicnelioğlu, E. (2021) The effects of the COVID-19 pandemic on children's lifestyles and anxiety levels. Journal of Child and Adolescent Psychiatric Nursing: 34 (3), 236–242.

148　　　　　　　SNE ジャーナル, 28(1), 2022, 148 - 161

報　告

特別支援学校教員を対象とした
協調運動の困難な知的障害児の
理解と支援に関する意識調査
―教員個人の専門性・校内連携・外部連携に注目して―

石井 正幸

(兵庫県立神戸特別支援学校)

赤木 和重

(神戸大学大学院人間発達環境学研究科)

Ⅰ．問題と目的

　全国の特別支援学校在籍者の障害種のおよそ9割が、重複障害を含めれば知的障害である（文部科学省、2020）。特別支援教育が始まってからも、知的障害児への理解と支援の重要性は今なお高い。知的障害児の支援を考えるうえで、知的発達への支援や適応行動の獲得を促すことは基本である。加えて、身体運動面への支援も重要である。知的障害児においても、身体運動面の困難も見られることが指摘されてきたからである（奥住、2020）。そのため、身体運動面での支援プログラムの開発についても研究がおこなわれてきた（綿引・澤江・島田・中井、2020）。

キーワード

協調運動の困難さ　Clumsy

知的障害児　Child with intellectual developmental disorders

特別支援学校教員　Special Needs School teacher

意識調査　Recognition

　このような研究・実践は重要である一方、特別支援学校教員による知的障害児の協調運動の困難さの認識について調査した研究はほとんどない。なお本研究で言及する協調運動の困難さについては、松原（2019）を参考にした。具体的には、運動技能の困難が日常生活に支障をきたすことであり、「片足で5秒以上立つことができない」「ラジオ体操の動きがぎこちない」といった粗大運動の困難や、「衣服のボタンやジッパーをはめたり外したりすることが苦手」「ハサミの使用や折り紙が苦手」といった微細運動の困難さをさす。

　なお、本研究で用いる「協調運動の困難さ」は、発達性協調運動障害（DCD）と重なる点が多い。ただ、「発達性協調運動障害（DCD）」を採用しなかった。なぜなら、郡司・吉田（2022）が示すように特別支援学校でDCDと診断を受けた知的障害のある児童生徒の数は学年のなかでも数名ほどであり、まだまだ少ない現状である。さらに子どもに身近な存在である教員のDCDに対する認知度や理解度は、10年前に比べると高いとは思われるが、東恩納（2022）が指摘するように、いまだに低いのが現状である。そこで、本研究では、教員にもより理解されやすい「協調運動の困難さ」と表記した。

　特別支援学校教員を対象に、知的障害児の協調運動の困難さへの意識を尋ねた数少ない研究の1つとして戸田（2013）をあげることができる。戸田（2013）は、知的特別支援学校の教員116人に協調運動の困難な子どもたちへの支援の実態について調査した。その結果、教員は、協調運動の困難さがある児童・生徒はクラスの半分にも満たないと思っていることが明らかになった。さらに、協調運動の困難さに対する支援は、8割以上の教員が日常生活の支援をはじめ、学校生活全般で取り組んでいることも明らかにされた。

　戸田（2013）の研究は、知的障害児の協調運動の困難さに対する教員の意識や指導の実際について明らかにした点で意義がある。しかし、質問内容が不十分・不明確な点に問題がある。戸田（2013）では、①協調運動の困難な子どもへの気づき、②協調運動の困難さに対する指導の実施、③協調運動の困難さへの指導内容、④協調運動の困難さへの指導実施をしていない理由のみを尋ねている。そのため、教員が具体的にどのように子どもの協調運動の困難さをとらえ、支援を行っているのか明確になっていない。また、対象となる教員の経験年数や障害種経験、また、校内の支援体制などが、どのように結果に影響を与

えているのかについても明らかになっていない。

　そこで本研究では、協調運動の困難さのある知的障害児を担任する特別支援学校の教員を対象に、協調運動の困難な知的障害児の理解と支援に関する意識を詳細に明らかにすることを目的とする。なお、理解と支援にも様々な側面があるため、次の3点に注目する。

　1点目は、「教師個人の専門性」に注目する。戸田（2013）の調査結果にある協調運動の困難さへの指導の有無についてより詳しく確認するためである。「協調運動の困難さにあまり気づいていない教員が指導をすること」、「指導方法がわからず指導しない」回答は、実態把握や支援内容の検討が不十分だと考えられる。特別支援学校教員個人の専門性については、個々の子どもの障害特性やニーズを把握し、それに応じた基礎的・基本的な知識、社会参加や自立に必要な力を育成するための学習活動をデザインする支援力が必要であると指摘されている（柴垣、2017）。以上を踏まえ、協調運動の困難な児童生徒の実態把握から目標設定までを教員個人でできるかを尋ねる。

　2点目として、「同僚との連携・校内体制」に注目する。前述した戸田（2013）の調査結果で「指導方法がわからない」と回答した教員は、問題解決を行う際に、同僚との連携や校内体制が不十分だった可能性がある。安藤・内海（2018）は、複雑な課題に直面する特別支援教育には、教員が同僚と協働して課題解決をする「協働モデル」に基づく専門性が重視されると示している。このことから同僚との連携や校内体制について尋ねる。

　3点目として、「家庭・医療との連携」に注目する。宗澤（2018）は、家庭との連携は、保護者と子どもの実態や教育の進め方について、一緒に考える姿勢が大切であるとしている。それを踏まえ、協調運動の困難な児童生徒がリハビリテーション（以下、リハビリ）を受けている場合には、教員がリハビリ関係者との連携やリハビリ内容を教育実践に活用しているかを尋ねる。

　なお、本研究の目的を検討するにあたり、教員の意識に影響すると想定される2つの変数に着目する。1つ目の変数として、特別支援学校での担任経験年数に着目する。担任経験年数によって、児童生徒の理解と支援について異なることが予想されるからである。岐津・今枝・金森（2017）は、知的特別支援学校での経験年数が短い教員はアセスメントの実施を重視するのに対し、年数が

長い教員はアセスメント結果の活かし方を重視する結果が報告されている。そこで、岐津ら（2017）を参考に、特別支援学校担任経験年数が1年目から7年目までを「若手教員」、8年目から15年目を「中堅教員」、16年目以上を「ベテラン教員」と3区分に設定して検討する。

　2つ目の変数として、特別支援学校で教員が支援した児童生徒の障害種に注目した。障害種ごとの支援経験により教員の支援意識が異なることが考えられる。実際、肢体不自由の特別支援学校で勤務経験のある教員は、障害種の異なる学校でも「感覚障害への配慮」や「病気の視点を持つこと」の重要性を認識し、実践していると報告がある（齊藤・横尾・熊田、2013）。そこで、「知的障害児のみ」担任経験のある教員群と、「知的障害児と肢体不自由児」担任経験のある教員群の2つに水準を設定した。

II．調査方法

1．対　象

　X県立の特別支援学校（5校）に在籍する教員を対象とした。5校のうち3校が知的障害と肢体不自由の併置校、2校は知的障害のみの特別支援学校であった。配布数は、550名で回収数は251名、有効回答率は45.6％であった。欠損値のあるデータは除外した。調査期間は、2021年7月から1カ月間であった。調査項目は、年代・教員経験年数・特別支援学校担任年数・障害部門経験年数（知的障害・肢体不自由・病弱・視覚障害・聴覚障害）・これまでの配属学部などの記入を求めた。

　協調運動の困難さに関する理解と支援：最初に、協調運動の困難さの用語について、「協調運動が困難とは、運動技能の欠如が日常生活に支障をきたすことであり、以下のような具体的な行動を指します」と説明し、具体的な行動として、「【粗大運動】a．片足で5秒以上立つことができない。b．ラジオ体操の動きがぎこちない。【微細運動】c．服のボタンやジッパーをはめたり外したりすることが苦手。d．ハサミの使用や折り紙が苦手。e．箸やスプーンをうまく使えず、食べ物をよくこぼす」と記載した。そのうえで、上述した問題意識に基づき、「教員個人の専門性」「同僚との連携・校内体制」「家庭・医療との

連携」を中心に18項目を4件法で尋ねた。関連する先行研究（赤木・大塚、2019）を参照しながら、特別支援学校の教員5名に聞き取りを行って項目を決定した。質問紙調査は、紙媒体とインターネット上（Google form）の2種類で実施した。

2. 分　析

特別支援学校教員による「協調運動の困難さのある知的障害児」への支援意識について、最初に単純集計を行った。その後、特別支援学校での担任経験年数（若手1〜7年）、（中堅8〜15年）、（ベテラン16年以上）と障害種の経験（知的障害のみ）（知的障害と肢体不自由）を独立変数に設定し、各質問項目を従属変数として分析を行った。

3. 倫理的配慮

調査実施の目的や回答内容について個人が特定されることがないことを明記した。なお、実施にあたっては、神戸大学大学院人間発達環境学科の倫理審査委員会の承認を得た。

Ⅲ．結果と考察

1. 調査対象者の属性

年代別では、20代48名、30代82名、40代47名、50代55名、60代19名であった。教員経験年数別では、1〜7年66名、8〜15年78名、16年以上107名であった。特別支援学校担任経験年数別1〜7年96名、8〜15年85名、16年以上70名であった。知的障害以外の障害種経験では、複数障害種経験者173名、そのうち肢体不自由151名、病弱52名、視覚障害25名、聴覚障害49名であった。それぞれの障害種で集計しているため、全体数とは異なる。ここからは、実施した18項目のうち、研究目的で書いた問題意識に基づく項目を抽出して、それぞれの結果を示す。

2. 協調運動の困難な知的障害児の支援経験について

　協調運動の困難な児童生徒の支援経験があるかを尋ねた。結果は、251名中「あてはまる」155名、「ややあてはまる」71名だった。全体の90％が「協調運動の困難さのある児童生徒」と接しているといえる。次に、協調運動の困難な児童生徒の動きに気づくことがあるかを尋ねた。結果は、251名中「あてはまる」166名、「ややあてはまる」75名だった。全体の96％が、知的障害児の協調運動の困難な動きに気づいていることが明らかになった。

　戸田（2013）と比較すると、本研究で対象とした教員は、在籍する児童生徒の協調運動の困難さにより多く気づいており、協調運動の困難な児童生徒への支援経験も多かった。本研究と戸田（2013）との差異は、実施年によると考えられる。綿引ら（2020）の研究のように小中学校の特別支援学級に在籍する児童生徒を対象とした実践が増えたことにより、発達性協調運動障害の認知度は高まっている。知的障害の有無は違うが綿引ら（2020）の先行研究（特別支援学級）以外でも、知的障害を有しないASD児を対象とする事例が多く報告されている。特別支援学校でもASDを知的障害と合わせもつ児童生徒も多く在籍していることから、知的特別支援学校でも協調運動に注目が集まったと考えられる。

3. 協調運動の困難な知的障害児の支援における教員個人の専門性

　協調運動の困難な児童生徒へ対応を教員一人でできるかを尋ねた。内容は、協調運動の困難な児童生徒の実態を把握することがひとりでできるか（「実態把握」）、協調運動の困難な児童生徒の必要な課題をひとりで立てることができるか（「必要課題」）、協調運動の困難な児童生徒の支援内容をひとりで立てることができるか（「支援内容」）、協調運動の困難な児童生徒に適した目標設定をひとりで立てることができるか（「目標設定」）の4項目であった。結果を**表1**に示した。

　「実態把握」について尋ねた結果、251名中43名が「あてはまる」、130名が「ややあてはまる」と回答した。全体の69％が、できるととらえていることがわかる。「必要課題」について尋ねた結果、251名中22名が「あてはまる」、115名が「ややあてはまる」と回答した。全体の55％ができるととらえている

表1　協調運動が困難な知的障害児に対する教員個人の対応

質問項目		あてはまる	ややあてはまる	あまり あてはまらない	あてはまらない
「実態把握」	協調運動が困難な児童生徒の実態を把握することがひとりでできる	43 (17%)	130 (52%)	62 (25%)	16 (6%)
「必要課題」	協調運動が困難な児童生徒の必要な課題をひとりで立てることができる	22 (9%)	115 (46%)	91 (36%)	23 (9%)
「支援内容」	協調運動が困難な児童生徒の指導内容をひとりで立てることができる	19 (7%)	112 (45%)	95 (38%)	25 (10%)
「目標設定」	協調運動が困難な児童生徒に関して、校内に専門的なアドバイスができる教員がいる	21 (8%)	116 (46%)	90 (36%)	24 (10%)

※上段の数値は回答人数、下段の数値は割合

ことがわかる。「支援内容」について尋ねた結果、251名中19名が「あてはまる」、112名が「ややあてはまる」と回答した。全体の53%ができるととらえていることがわかる。「目標設定」について尋ねた結果、251名中21名が「あてはまる」、116名が「ややあてはまる」と回答した。全体の54%ができるととらえていることがわかる。支援経験に比べると、個人での専門性について「できる」と思う度は低いことがわかる。

4. 担任経験と障害種別経験の影響

「実態把握」、「必要課題」、「支援内容」、「目標設定」の4項目の結果を詳細に検討するために、特別支援学校担任経験年数（若手1〜7年、中堅8年〜15年、ベテラン16年以上）、障害種経験（単：知的障害のみ、複：知的障害と肢体不自由）を独立変数に、各質問項目（「実態把握」、「必要課題」、「支援内容」、「目標設定」）を従属変数にして、二要因分散分析を行った（表2参照）。有意水準を5%に設定した（以下の分析も同様）。

その結果、4つの質問項目ともに、有意な交互作用は得られなかった。また、4つの質問項目ともに、「障害種経験」要因には有意差が見られず、「経験年数」要因にのみ有意差が見られた（「実態把握」、「必要課題」、「支援内容」、「目標設定」の結果を順に示す。$F(2, 154)=8.82$ p<.01／$F(2, 154)=11.15$, p<.01／$F(2, 154)=11.64$, p<.01／$F(2, 154)=12.33$, p<.01）。「経験年数」要因について有意な差が見られたため、多重比較を行った。その結果、「実態把握」「必要課題」項目においては、「ベテランと中堅」群が、「若手」群よりも得点が有意に高かっ

た。「支援内容」「目標設定」では、「ベテラン」群が「中堅」群よりも得点が有意に高く、かつ、「中堅」群が「若手」群よりも得点が有意に高かった。

表2　障害種教育経験の有無および経験年数からみた個人の専門性に関する質問項目得点（SD）

質問項目	障害（知的のみ）			障害（知的＋肢体）			全体
	若手 (N=45)	中堅 (N=21)	ベテラン (N=12)	若手 (N=33)	中堅 (N=24)	ベテラン (N=25)	全平均 (N=160)
実態把握	2.38	2.95	3.08	2.55	2.79	3.08	2.71
	0.83	0.59	0.79	0.62	0.78	0.91	
必要課題	2.00	2.76	2.75	2.39	2.50	3.00	2.47
	0.74	0.62	0.75	0.66	0.83	0.82	
支援内容	1.98	2.57	2.75	2.30	2.46	2.96	2.41
	0.72	0.75	0.75	0.64	0.78	0.79	
目標設定	2.04	2.48	2.92	2.27	2.46	2.96	2.42
	0.74	0.68	0.79	0.72	0.83	0.79	

※上段の数値は平均値，下段の数値はSD

この結果から、「実態把握」、「必要課題」、「支援内容」、「目標設定」を教員が一人で行う項目は総じて、担任経験年数が高い「中堅・ベテラン」教員ほど「できる」ととらえていることがわかる。経験の浅い「若手」教員は、4項目全てを一人で行うことは、相対的に難しいと認識していることがわかる。船橋（2016）によると肢体不自由特別支援学校での経験年数が浅い教員は、実態把握・目標設定が困難であるという結果を示している。今回の調査では、知的特別支援学校でも経験年数の浅い教員が実態把握から目標設定の実施に、困難さがあることが明らかになった。特別支援学校での経験年数が浅い教員は、協調運動が苦手な児童生徒の実態把握だけに限らず、障害に対する全般的な実態把握等が困難であると考えられる。一方で、経験年数の解釈は慎重に行う必要がある。本調査は、あくまで回答した教員個人の意識である。そのため、経験年数が高い教員ほど、「主観的」にできていると感じて回答している可能性についても考慮する必要があるだろう。

5.　同僚との連携と校内体制

教員の同僚との連携と校内体制についての結果を示す。同僚との連携について2つの質問を尋ねた。1つ目の項目は、「協調運動の困難な児童生徒の実態把握を行う際は、常に複数の教員で実施しているか」であった。その結果、251

名中100名が「あてはまる」、102名が「ややあてはまる」と回答した。全体の
80％が複数教員の目で児童生徒の実態把握を行っていると回答した。2つ目に
「協調運動の困難な児童生徒の支援について同じクラスの教員と日常的に相談
しているか」を尋ねた。その結果、251名中109名が「あてはまる」、92名が「や
やあてはまる」と回答した。全体の80％が日常的に児童生徒の支援について、
クラスで相談を行っていると回答した（表3参照）。

表3　同僚との連携と校内体制

	質問項目	あてはまる	ややあてはまる	あまり あてはまらない	あてはまらない
同僚との 連携	協調運動が困難な児童生徒の実態把握を行う際には，常に複数の教員で実施している	100 (40%)	102 (41%)	38 (15%)	11 (4%)
	協調運動が困難な児童生徒の支援について同じクラスの教員と日常的に相談している	109 (43%)	92 (37%)	43 (17%)	7 (3%)
校内体制	協調運動が困難な児童生徒のアセスメント方法は学校内で統一されている	6 (2%)	19 (8%)	121 (48%)	105 (42%)
	協調運動が困難な児童生徒に関して，校内に専門的なアドバイスができる教員がいる	48 (19%)	67 (27%)	89 (35%)	47 (19%)

※上段の数値は回答人数，下段の数値は割合

　本結果は、経験の浅い「若手」教員も「中堅、ベテラン」教員と協働してい
ることが示唆される。この協働による経験が、「若手」教員のOJTとなり、
後々一人で「実態把握」から「目標設定」まで行える専門性を高める要素でも
あると考えられる。「中堅、ベテラン」にとっても、これまでの経験を活かす
とともに新たな学びの場となっているかもしれない。
　校内体制について2つの質問を行った。1つ目は、「協調運動の困難な児童生
徒のアセスメント方法は学校内で統一されているか」を尋ねた。その結果は、
251名中121名が「あまりあてはまらない」、105名が「あてはまらない」と回
答した。全体の90％が協調運動のアセスメント方法が学校内で統一されてい
ないと回答した。2つ目は、「協調運動の困難な児童生徒に関して、校内に専
門的なアドバイスができる教員がいるか」を尋ねた。その結果、251名中89名
が「あまりあてはまらない」、47名が「あてはまらない」と回答した。全体の
54％が校内にアドバイザーとなる教員がいないと回答した（表3参照）。
　この結果は、調査対象となった5つの特別支援学校で、協調運動の困難さに

関するアセスメント方法は統一されていないことを示唆する。「若手」教員だけでなく、「中堅、ベテラン」教員にとっても、共通の指針が無いと「協調運動の困難」な子どもの判断基準が、個人によって異なってしまう可能性があり、「協働」が機能しない可能性がある。また、アセスメント方法が数多く研究されていても、教育の現場では、まだまだ使用されていない状況も示唆される。

　特別支援学校担任経験年数と障害種経験を独立変数に、これら4つの質問項目を従属変数として二要因分散分析を行った（表4参照）。その結果、「校内に専門的なアドバイスができる教員がいる」項目については、「経験年数」要因に有意差が見られ（F (2, 154)=3.94, p<.05)、「障害種経験」に有意差は見られなかった。また、交互作用に有意差が見られた（F (2, 154)=3.20, p<.05)。下位検定を行った結果、「ベテラン」群の場合において、複数障害経験のあり・なしの間に有意差が得られた（あり＞なし, p<.05)。また、「校内に専門的なアドバイスができる教員がいる」項目以外の3項目については、交互作用・主効果ともに有意な差が見られなかった。

表4　障害種教育経験の有無および経験年数からみた同僚との連携・校内体制に関する項目質問項目得点（SD）

質問項目	障害（知的のみ）			障害（知的＋肢体）			全体
	若手 (N=45)	中堅 (N=21)	ベテラン (N=12)	若手 (N=33)	中堅 (N=24)	ベテラン (N=25)	全平均 (N=160)
複数教員で 実態把握	3.16 0.74	3.29 0.85	2.83 1.11	3.00 0.90	2.96 0.75	3.04 0.93	3.07
クラス教員で 相談	3.33 0.71	3.29 1.01	3.00 0.74	2.97 0.98	2.88 0.80	3.40 0.71	3.17
校内でアセス メント統一	1.87 0.81	1.81 0.51	1.42 0.51	1.79 0.78	1.50 0.72	1.60 0.58	1.71
校内にアドバ イザーがいる	2.44 1.06	2.71 0.85	1.58 0.67	2.64 1.03	2.38 1.06	2.40 1.00	2.44

※上段の数値は平均値，下段の数値はSD

　ベテラン教員の場合、「校内に専門的なアドバイスができる教員がいる」項目について、知的と肢体不自由の複数経験のある教員の場合は、知的のみ経験のある教員と比べて、「アドバイザーがいる」と答えていることが明らかになった。しかし、「知的のみのベテラン」教員ほどアドバイザーが不在とする回答が多かった。このような結果になった理由として、協調運動の困難さについて

尋ねていたため、知的のみを経験している教員としては、身体的な分野は「専門外」として解釈したためかもしれない。

6. 家庭との連携

「家庭と連携して支援方法について情報共有を行うか」について尋ねた。結果は、251名中「あてはまる」55名、「ややあてはまる」124名だった。全体の71％が家庭と連携して、児童生徒の支援に当たっていることが明らかになった。特別支援学校担任経験年数と障害種経験を独立変数に、「家庭との連携」項目得点を従属変数として二要因分散分析を行った（**表5**参照）。その結果、「年数」要因にのみ有意な差がみられた（$F(2, 154)=4.96$, $p<.05$）。多重比較の結果、「ベテラン」群は「若手」群よりも有意に得点が高かった。「障害種経験」および交互作用については有意な差が見られなかった。

表5　障害種教育経験の有無および経験年数からみた家庭との連携に関する質問項目得点（SD）

質問項目	障害（知的のみ）			障害（知的＋肢体）			全体
	若手 (N=45)	中堅 (N=21)	ベテラン (N=12)	若手 (N=33)	中堅 (N=24)	ベテラン (N=25)	全平均 (N=160)
家庭との連携	2.71 0.79	2.71 0.72	3.17 0.72	2.64 0.86	2.92 0.83	3.24 0.83	2.84

※上段の数値は平均値，下段の数値はSD

家庭との連携については、71％の教員が家庭と連携して、支援方法を共有しており、「ベテラン」教員ほど連携している回答が多かった。児童生徒に関する情報提供や必要な情報の聞き取りが、これまでの経験からスムーズに行えていると考えられる。

7. 医療との連携

これまでに担任した協調運動の困難な児童生徒が、理学療法や作業療法のリハビリを受けていたかを尋ねた。この設問には、「あてはまる」「あてはまらない」の2件法で集計を行った。その結果、251名中166名が「あてはまる」と回答した。全体の66％の教員が、リハビリを受けていた。児童生徒を担任したことがあると回答した。

　さらに、リハビリを受けていたと答えた166名の教員に対して、リハビリに関する3項目の質問を行った。1つ目に、「児童生徒のリハビリを見学するか」を尋ねた。166名中「あてはまる」39名、「ややあてはまる」53名だった。全体の55%は見学に同行すると回答した。2つ目に「リハビリ担当者と情報共有するか」を尋ねた。166名中「あてはまる」8名、「ややあてはまる」43名だった。全体の30%がリハビリ担当者と連絡を取ると回答した。3つ目に、「リハビリの内容を自立活動などで応用するか」を尋ねた。166名中「あてはまる」40名、「ややあてはまる」92名だった。全体の79%がリハビリの内容を授業に応用していると回答した。

　医療との連携についての3項目も二要因分散分析を行った（**表6**参照）。担任した児童生徒がリハビリを受けていたかを尋ねて「あてはまる」と回答した104名を分析対象とした。

表6　障害種教育経験の有無および経験年数からみた医療との連携に関する質問項目得点（SD）

質問項目	障害（知的のみ）			障害（知的＋肢体）			全体
	若手 (N=24)	中堅 (N=12)	ベテラン (N=5)	若手 (N=23)	中堅 (N=16)	ベテラン (N=24)	全平均 (N=104)
リハビリ見学	1.92 1.25	2.42 1.08	2.40 0.89	2.13 0.92	2.94 1.06	2.83 0.96	2.41
担当者と連携	1.38 0.58	1.58 0.67	2.20 0.84	1.78 0.90	2.56 1.09	2.33 0.87	1.93
リハビリ内容 の応用	2.46 0.93	3.08 0.51	2.60 1.14	2.74 0.81	3.31 0.87	3.08 0.78	2.88

※上段の数値は平均値，下段の数値はSD

　その結果、3項目ともに、有意な交互作用は得られなかった。いずれの項目も「経験年数」に有意差が見られた（$F_{(2, 98)}$=4.01, p<.05／$F_{(2, 98)}$=5.50, p<.05／$F_{(2, 98)}$=4.50, p<.05）。その後、多重比較を行った。その結果、「リハビリ見学」と「リハビリ内容の授業への応用」項目では、「若手」と「中堅」で有意差が見られた。「担当者との連携」項目では「若手」と「中堅・ベテラン」で有意差が見られた。また、「担当者との連携」項目だけ「障害種経験」にも有意差がみられた（$F_{(1, 154)}$=6.99, p<.05）。多重比較の結果、「障害種経験」は、「知的のみ・中堅」と「知的と肢体・中堅」で有意差が見られた。

　リハビリの実施を条件としたため全体数が減少したが、55%の教員は児童生

徒のリハビリを見学に行き、30％の教員がリハビリ担当者と情報共有を行っていた。そして、肢体不自由教育の経験がある中堅教員ほど、高い割合で連携を取っていた。肢体不自由教育と比べると外部人材との連携ができているとは言い難い数字である。それでも、79％の教員はリハビリの内容を自立活動など授業に応用していた。これは、リハビリの内容を応用する際の情報提供は、必ずしも医療機関からではなく、保護者がリハビリ担当者から見聞きした内容を担任に情報提供している可能性も考えられる。より詳細なリハビリ内容や授業への応用については、医療現場と直接連携を図ることが重要だろう。

Ⅳ．今後の課題

今後の課題として2つあげる。1つ目は、調査対象者を増やし、知見の信頼性を高める必要がある。2つ目は、本調査の知見をもとに、校内体制のあり方について、校内でのアセスメント方法の統一など具体的な改善策について検討し、実行することである。

謝辞

　　お忙しいなか、本研究にご協力いただきました特別支援学校の先生方に、厚く感謝申し上げます。

引用文献

文部科学省（2020）特別支援教育資料（令和元年度）

赤木和重・大塚真由子（2019）特別支援学校教員を対象とした個別の支援計画に関する意識調査：作成上の悩みや困難に焦点をあてて　SNE ジャーナル，25(1)，162-175.

安藤隆男・内海友加利（2018）教員の専門性と研修　小林秀之・米田宏樹・安藤隆男（編）特別支援教育：共生社会の実現に向けて　ミネルヴァ書房，(pp.179-190)

郡司航・吉田博子（2022）知的障害特別支援学校高等部の体育　北洋輔・澤江幸則・古荘純一（編）DCD・不器用な子も楽しめるスポーツがある社会のために：運動に悩む子・先生・コーチへのメッセージ　金子書房，(pp.151-161)

東恩納拓也（2022）運動の苦手な子に運動やスポーツを教える　北洋輔・澤江幸則・古荘純一（編）DCD・不器用な子も楽しめるスポーツがある社会のために：運動に悩む子・先生・コーチへのメッセージ　金子書房，(pp.88-96)

岐津沙織・今枝史雄・金森裕治（2017）知的障がい特別支援学校における教員の専門性の維持・継承策について：質問紙調査を通じて　大阪教育大学紀要第 4 部門教育科学, 65(2), 45-59.

松原豊（2019）学童期の DCD の評価と支援の実際　辻井正次・宮原資英（監修）発達性協調運動障害［DCD］不器用さのある子どもの理解と支援　金子書房, (pp.124-140)

宗澤忠雄（2018）特別支援教育における学校と保護者の連携に関する研究　埼玉大学紀要（教育学部）, 67(2), 31-48.

奥住秀之（2020）知的障害児・者の身体バランスにおける「運動の逆説性」と教育支援　國分充・平田正吾（編）知的障害・発達障害における「行為」の心理学：ソヴィエト心理学の視座と特別支援教育　福村出版, (pp.47-55)

齊藤由美子・横尾俊・熊田華恵（2013）．重複障害教育に携わる教員の専門性のあり方とその形成過程に関する一考察：複数の異なる障害種別学校を経験した教員へのインタビューを通して　国立特別支援教育総合研究所研究紀要, 40, 67-80.

柴垣登（2017）特別支援学校教員の専門性向上のための諸課題についての考察　立命館大学教職研究, 11-21.

戸田剛（2013）知的特別支援学校における不器用な子どもへの支援：動きづくりの支援による自己調整力や日常生活動作, 学習動作の向上を目指して　静岡大学大学院教育学研究科教育実践高度化専攻成果報告書抄録集, 3, 115-120.

綿引清勝・澤江幸則・島田博祐・中井昭夫（2020）身体的不器用さを有する自閉スペクトラム症児の投動作課題における臨床的な特徴と介入効果について：投動作の質的な変化の違いに着目して　自閉症スペクトラム研究, 17 (2), 59-67.

162　　　　　　　　SNE ジャーナル, 28(1), 2022, 162 - 166

書評

内藤千尋著

『発達障害等を有する非行少年と発達支援の研究』

（風間書房、2021年）

評者：赤木 和重（神戸大学）

本書の概要

　SNE学会員であれば、発達障害のある若者が社会的な規範に反する行為をしばしば繰り返すケースに出会うことがあるだろう。そして、時には、発達障害のある若者が少年鑑別所や少年院などに送致される事例に出会うことがあるだろう。しかし、少年鑑別所や少年院に送致された後の発達障害のある若者の姿や、そこでの支援の様子に詳しい学会員は、少ないとも思う。筆者も、その1人である。

　このような状況のなかで、発達障害を有する非行少年の実態や支援の状況について、真正面から取り組んだ研究書が発刊された。本書は、卒業論文から10年以上にわたる調査研究がおさめられた博士論文をもとにしている。本書の全体像が明確に示されている目次を紹介する。

　態と発達支援
　第6章：全国の保護観察所・更生保護施設等における発達障害等の発達困難
　　を有する非行少年の実態と社会的自立・地域以降支援
　終章：本書のまとめ

　この目次からもわかるように、発達障害等の発達困難を有する非行少年が在
籍する、児童自立支援施設・自立援助ホーム・少年鑑別所・少年院・保護観察
所・更生保護施設の職員を対象に、面接を行い、発達障害等を有する非行少年
の実態や発達支援の状況を明らかにしたものである。なお、これらの施設の位
置づけについては、序章で丁寧に整理されているため、この領域が専門ではな
い研究者・実践者が読んでも、各章の内容および各章間の関連が理解できるよ
うになっている。
　調査の内容は、各章によって多少異なるものの、「発達障害のある青年が、
日常生活においてどのような困難を抱いているか」「それらの困難に対して、
どのような支援・指導をしているか」については、どの施設でも共通して、職
員に尋ねられている。それぞれの施設に在籍している発達障害の青年が、どの
ような困難を抱えているかをまとめる。児童自立支援施設（第2章）では、「こ
だわりから、やるべき行動がとれない」「急な予定の変更に対応できず固まる」
という点が日常生活の困難として多くあげられていた。自立援助ホーム（第3
章）では、多岐にわたる困難が明らかにされているが、なかでも、「整理整頓
ができない」「衛生面に無頓着」「集団の中で皆と同じように動けない」といっ
た点が日常生活の困難さとして多く出されていた。少年鑑別所（第4章）で
は、「ストーリーとして繋げて説明することが難しい」「振り返りをすることが
難しい」「感覚過敏がある」といった困難があげられていた。少年院（第5章）
では、必ずしも発達障害の少年とは限らないことを前提としたうえで、「言葉
で説明することは苦手、気持ちを言葉で説明できない」「落ち着きがない」「手
と足をうまく動かせない」といった困難が多くあげられていた。保護観察所・
更生保護施設等（第6章）では、日常生活の困難さとして、「金銭管理等の金
銭問題」「基本的な生活スキルが習得できていない」といったことが多く出さ
れていた。

　これらの結果について、各章および終章のなかで、それぞれの施設の位置づけを踏まえての考察が行われている。例えば、児童自立支援施設では、「枠のある生活」を重視しているが、それゆえに、「こだわり」などの障害特性を有する青年にとっては、困難が生じやすいのではないかと指摘し、それぞれの施設・機関の特徴を踏まえてみられる発達障害等の青年の困難や支援のあり方について考察されている。

本書の意義

　本書の意義として、3つあげることができる。

　1つは、「前人未到」だった領域における調査を成し遂げた点にある。障害のある子どもや青年を対象に調査を実施することの困難さは、本学会員であれば、みなが承知しているところだろう。しかし、本書はさらに、非行少年と発達障害という、研究が極めて難しい領域に挑み、そして、実態を把握していることに成功している。

　2つは、「足」をつかって丁寧に調査を実施している点である。本書の研究は、「調査用紙を郵送で施設に撒いて回収し、分析する」という調査にみられる一般的な方法を採用していない。そうではなく、すべての施設において、自身で直接訪問し、その場で、職員に半構造化面接を実施している。2010年から2017年にかけて、全国の177施設を訪問している（なお、第6章のみ施設数ではなく調査対象者の人数（70名）の表記となっているため、正確ではない可能性がある）。これだけの数の施設を訪問する労力はもちろん、これらの施設を訪問するまでのやりとりにも多大な労力を割いたかと推察される。

　このように、これまで研究者が十分にはいれなかった非行少年への教育的処遇や地域移行支援にかかわる機関・施設を丁寧に、かつ大規模に調査をしたことに加え、卒業論文から博士論文にかけて、粘り強く成し遂げられている。最大限の敬意を表したい。

　そして、このような労力をかけたからこそ、有益な知見も多数提出されている。例えば、少年院において調査を行った第5章では、発達障害等の診断・判定がついていない場合においても、認知・理解力、不注意、不器用さなど様々な側面において多様な困難があることが明らかにされた。このような基礎的な

調査は、今後の支援プログラムや支援システムを構築する重要な礎となるだろう。

本書の課題

以上より、本書は、類を見ない労作だと、判断できる。そのうえでとなるが、本書における課題について、研究方法の点に注目して述べる。評者が、心理学領域の出自ということも関係して、資料分析にかんしていくつか気になるところがあった。いずれも、データの取得の仕方やデータの信頼性・妥当性に関する疑問である。代表的なものを2つあげる。

1つは、第2章や第や3章において、統制群が準備されていないことである。そのため、発達障害等の困難を有する青年の困難や支援ニーズに関する結果が、発達障害のある青年固有の問題なのか、それともそうでないのかが判断しにくくなっている。少なくともこの点について、考察で検討しておくことは必要だろう。

2つは、聞き取り調査から得られたデータのコード化・カテゴリー化の手続きについてである。各章で多少手続きは異なるものの、どの章においても、複数名で検討し、コード化・カテゴリー化を行っている。この手続き自体は一般的である。ただ、気になるのは、コード化を複数名の検討で異なった割合や、その際の対処である。特に、コード化された項目を見ると、どのコードにわけるか判断に迷う部分もある。例えば、表4-4には「振り返りをすることが難しい」「深い内省が難しい」というコードがあるが、内容としては類似している。どちらに分類するか迷う事例もあったかと推察される。コード・カテゴリー分類の妥当性を高めるためにも、より具体的な手続きを記載すべきではないかと思われる。

これらの指摘は、「重箱の隅をつつく」ようなものと感じられるかもしれない。また、調査の性格上、特に1点目については、指摘するような厳密な手続きをとりにくいことも理解しうる。ただ、他の研究者では得られにくい貴重な資料であるからこそ、調査デザインや分析手続きについては、可能な範囲でさらなる改善ができれば、より説得力が高まるだろう。

もっとも、これらの点は、本書の意義を損なうものでは全くない。むしろ、

発達障害と非行という領域における研究分野を開拓し、かつ、今後の研究群を生み出す重要な文献になると確信できる。

SNEジャーナル，28⑴，2022，167－170

図書紹介

赤木和重著

『アメリカの教室に入ってみた
―貧困地区の公立学校から超インクルーシブ教育まで―
DVD付特別版』
（ひとなる書房、2021年）

紹介者：羽山 裕子（滋賀大学）

　赤木和重氏の著書『アメリカの教室に入ってみた―貧困地区の小学校から超インクルーシブ教育まで―』は、これまで授業で学生たちと何度も読んできた、思い入れの深い一冊である。教育を研究する者にとって、「教室に入ってみる」ことは最高の学びの経験である。それも、一度ではなく継続的に通い、教員や子どもたちと直接いろいろ話すことができるとなれば、これほど有難いことは無い。日々変化する子どもたちの姿、徐々に見えてくる先生と子どもとの関係性、悪戦苦闘しながら獲得される教育内容、それを支え合う学習集団の育ち…学びに溢れた幸せな時間がそこにはある。しかし、部外者が教室に入るのは容易ではない。綿密な打ち合わせを重ね、学校との間に確固たる信頼関係を築いたうえで初めて実現するものである。これが日本以外の国でとなると、格段にハードルが上がる。

　このハードルを跳び越えて「アメリカの教室に入ってみた」赤木氏は、得難い貴重な経験の成果を余すところなく本書で描き出している。しかも、公立小学校、私立学校（The New School）、チャータースクール、課題を抱えた生徒を対象とした高校（トランスファー・ハイスクール）、そして就学前教育機関と、複数の教室の内側から見えるものを伝えてくれているのだ。舞台となるニューヨーク州シラキュース市は、経済格差や移民の多さといった点に特徴があり、家庭環境の落ち着かない子どもたちも少なくない。朝食が食べられない、保護者が始業に間に合って送迎できない、虐待の疑いがあるなど、子どもたちの置かれた環境は厳しく、障害だけではない特別な教育的ニーズが学校現

場に山積している。他方でシラキュース市は、シラキュース大学が全米でも屈指の障害学やインクルーシブ教育の研究拠点であるという顔も持つ。学校教育は、その学校の位置づく環境に不可避に規定される面がある。このような複雑な特徴を持つシラキュース市だからこそ、同じ市内にあっても上記の各校の教育実践はバリエーションに富む。そのそれぞれについて深く掘り下げて語りたいところであるが、紙幅の関係から、ここでは本書の全体を貫く面白さということで、三点に絞って紹介したい。

　本書の魅力の一点目は、観察場面の多様さである。授業場面に入り込んでインクルーシブ教育の可能性を問う本書であるが、狭義の授業研究にとどまってはいない。休み時間から卒業式まで、すなわち最も日常的な姿から非日常の極致まで、学校という場で子どもたちの見せる姿を描き切っている。この重層的な描写により、アメリカの子どもたちの生育環境や学校経験がリアルに読み手に伝わってくる。たとえば、けんかの場面でふと口から出る言葉（"I will shoot you" "Go to jail"）が荒れている。人と一緒に遊びこめているように見えて、ルール遊びが成立しづらい。こうした何気ない子どもたちの姿からは、学びの土台となる言葉や人間関係の力を獲得しづらい生活環境が浮かび上がる。また、卒業式には思い思いの服装で出席し、声援で盛り上げる。逸脱行為の際には、教室から連れ出してしまう。こういった日本的な感覚では疑問を抱くような場面からは、日米の教育文化や養育文化の違いが説得力を持って示される。

　本書の魅力の二点目は、学校の多様性を描いていることである。たとえば公立小学校と私立のThe New Schoolとは、実践の姿が全く異なる。違うもの同士を見比べることは、自然と違いを生み出す要因に目を向けることを促してくれる。そもそもの理念が大きく異なるのか。規模や運営の条件面に違いがあり、それが教育方法を現実的に規定しているのか。あるいは、対象とする子どもの実態に違いがあるのか。読者は、包括的に味わっていた教育実践を、一度ほぐして分析的に見始めることになる。ちなみに、学生と共に本書を読む際によくあるのは、まず規模の違いに注目が集まり、それこそが両者の教育実践の違いを生むのだという結論に至る展開である。しかしながら、赤木氏の分析は、当然ながらそんな単純なものではない。カリキュラム、生活集団、学習集

団、教育評価といった教育方法に関する諸要素を丁寧に検討し、核となる特徴（流動的異年齢教育）を析出するとともに、違いを体系的に説明するための比較軸を打ち立てる。

　そして、この比較軸が明確に示されたことが本書の魅力の三点目である。国や学校が異なれば、同じ「教室」や「授業」という言葉からイメージされるものが全く異なる。そこで実践される「インクルーシブ教育」然りである。しかし、何がどう異なるのか？　これを言葉で整理し考察することは、意外と難しい。本書では、異なる二つの学校でのインクルーシブ教育を対比的にとらえ、さらに日本で一般的に想起されるインクルーシブ教育とも比較することで、「つながり―個々」と「同じ―違い」という二つの軸を取り出している。普遍的な分析枠組みが提起されたことで、アメリカ事情を楽しんでいた読者は、身近な日本のインクルーシブ教育実践を見つめる分析視角を手に入れることになるのだ。豊富な具体例を引きながら柔らかく教育を語るかに見える本書であるが、実は硬派な研究書としての側面も持っているのである。

　以上の三点の読みどころに加えて、一つひとつのコラムや番外編にも、是非じっくりと目を通してほしい。特にアメリカのランチ事情は必読である。昼食の向こうには、教師が自らの職務の範囲をどう認識しているのか、保護者の栄養意識とその家庭間格差はいかなるものか、そして食育へのまなざしの問い直しというように、子どもの育ちや学びにつながる要素が浮かび上がる。読者はアメリカのランチ事情に思わず眉をひそめつつも、日本の給食やお弁当の在り方にも疑問を覚えるかもしれない。自分とは異なるものに出会って心揺さぶられることは、自分の「普通」を問い直す大切な入り口でもある。「普通」が異なれば「特別」も異なる。そして「普通」はその国や地域の文化と分かちがたく結びついている。各コラムを通してアメリカの「普通」をリアルに知ることは、「特別」な支援を考察するうえで欠かせない土壌となるだろう。

　さて、以上だけでも本書は十分に素晴らしい書籍なのだが、2021年にはDVD付特別版が発刊され、なんとThe New Schoolの授業の様子を垣間見ることができるようになった。初めてDVDを見たとき、The New Schoolの教室に流れている圧倒的に穏やかな時間に胸を打たれた。補章において赤木氏は、The New Schoolが「できる」を豊かにすることと、安心して「居る」ことの

保障という二つの特徴を持つと指摘するが、映像からは、この「居る」が保障される心地よさが自然と伝わってくる。本文を通してThe New Schoolに心惹かれた人も、懐疑的な感想を持った人も、ぜひDVDで本物を感じてもらいたい。

　最後になるが、本書の隠れた功労者にも言及しておきたい。読者が未知のアメリカの教室に「入ってみた」気分になれるのは、体をはってアメリカ食に挑戦した息子さんや、言葉の通じない学校に果敢に飛び込んだ娘さんの奮闘あってこそだろう。小さなフィールドワーカーたちに、心より敬意を表したい。

SNE ジャーナル, 28(1), 2022, 171 – 174

図書紹介

渡部昭男・國本真吾・垂髪あかり編　糸賀一雄研究会
『糸賀一雄研究の新展開
―ひとと生まれて人間となる―』
（三学出版、2021年）

紹介者：加茂 勇（新潟市立木戸小学校）

　21世紀に糸賀を学び、子どもに向き合う

　糸賀一雄は、敗戦後に戦災孤児や生活困窮児、知的障害児を対象として近江学園をスタートさせた。学園設立の背景には格差と貧困があった。それから80年近くたった現在も、私たちを取り巻く周囲には多くの格差があり、貧困がある。そして、子どもの貧困率は、先進諸国の中で高い数値を維持し続けている。これらの貧困は、耳を澄まし、丁寧に見つめようとしないことには見落としがちになってしまう。これは糸賀の時代とは大きく異なる。さらにやっかいなのは、その格差は縮まることなく時代と共に広がっているのではとさえ思えることだ。

　私が学校という現場で働き始めて20年たったが、この間にも障害児教育や福祉をめぐる状況は大きく変化してきた。個人的には学生時代に優れた教育実践に出会い、実践の中で描かれる子どもや教師の物語を通して障害児教育の魅力を学ぶことができた。今、振り返ると、私が学んできた教育実践には、どこか糸賀一雄の思想と繋がる箇所が多くあったのだと感じている。

　私が学び憧れてきた実践では、たとえ「問題行動」といわれるような行動をしてしまう子どもであっても、対人援助職である教師は背景にある子どもの生きづらさに寄り添い、地域や家族の特徴や困難を理解し、子どものねがいや発達に向き合おうとしていた。実践を通して、教師自身がいかに子どものリアルに近づけるのかと葛藤する姿を感じることができた。それは、糸賀と近江学園の職員が「子どもと共に生きる生活」を通すことによって、「自分自身との対決」を続け、日々の実践において、大人も子どもも共に成長してきた姿と重な

る。私が教師として大切にしたかった足場はそこにあり、現在もそれは変わっていない。

　しかし、実際に学校現場や福祉の現場を考えたときに、対人援助職である私たちが、このような「子どもと共に生きる生活」のような理論や実践を学ぶ機会を見つけることはできるかといったら、難しいと感じている。なぜなら、書籍等を含めて糸賀一雄という人物に触れている対人援助職者自体が、時代と共に少なくなっていることにも関係していると思えるからだ。

　本書は、これまでの糸賀一雄研究を次世代や更なる百年に継承すべく、またcovid-19禍で炙り出された貧困と格差、人間の尊厳や幸福追求にかかわる問題や平和構築の問題に、糸賀研究はどうアプローチできるかを問う意味も重ねて、「糸賀一雄研究会」を中心に企画された書籍である。

　糸賀一雄研究の新展開としてつくられているが、第1部「実践と思想の往還から」、第2部「友垣・同志の苦悩から」、第3部「実践現場の諸相から」、第4部「国際的な視点から」、第5部「若い世代へ」というように5部から構成されており、論考15編・コラム5編・資料1編が収録されている。実際には、研究者や学生のみならず、対人援助職である私たちにとっても、糸賀一雄にかかわる知識と魅力を学ぶことができるようにつくられている。さらには、糸賀が創り出してきた「福祉の思想」を、現在の日本の様相と重ね、福祉や教育の課題を問い直すことができるようにされているところが画期的だ。

　学校や福祉の現場で考えたとき、誰にとっても分かりやすく目の前の子どもにどう対処したらよいかといったハウツー的なものやマニュアル的な書籍やセミナー等は広がりつつある。急速に増加する特別支援教育の対象の子どもたちがいる。そして、それら子どもたちに、初めてかかわる援助職も増え続けている。さらに、教育の職場も福祉の職場も多忙化し続けている。そのような中で、対人援助職が求めがちになるのは、悩み葛藤することなく、すぐに仕事に活かせる様に感じてしまうものであり、人気の主流になりつつある。にもかかわらず、なぜ今の時代に糸賀一雄研究なのだろうか。

　編者である渡部昭男氏は、21世紀の若者にとって、「生誕100年」「没後50年」などと語り始めると、糸賀一雄（1914 − 68）は過去の遠い人となってしまうのではないかと危惧している。しかし、糸賀一雄の思想と実践は、福祉や保育

教育にたずさわる（りたい）若者への優しいメッセージとなっているのだと説明する。そして、色あせることない糸賀の魅力を、若い世代に伝えていくことの重要性を熱く説いている。

　同じく編者である國本真吾氏は、糸賀が発したとする「ミットレーベン」という言葉を用いて、糸賀の共感思想を説明する。「ミットレーベン」とは、糸賀の言葉を借りれば「ともに暮らす」という意味だという。糸賀は、音の響きを重視し、ドイツ語の「ミッドレーベン」を仲間内で用いていた。糸賀は講義において、知的障害の子どもを理解するために「施設なんかくると、一番良く分かるから、まず施設においでなさい。それから施設で子どもとですね、一緒に暮らしてごらんなさい。そういうことが一番手っ取り早いし、良く分かることなんだ」と語っていた。これを「ミットレーベン」と表現し、さらに、施設を社会体制の中での補完的役割ではなく、施策や政策というものが、幸せの方向において築かれていくための出発への拠点とする必要性を説いていた。その中核に「ミットレーベン」があるとしたことを紹介していた。そして、國本氏は、「ミットレーベン」とは、糸賀の著書「福祉の思想」での「人間と人間が理解と愛情でむすばれるよう」な「新しい社会の建設」を願う内容とも重なるという共通性を指摘している。

　本書の特徴を挙げるとするならば、どの章も単独の論考として糸賀について学べるよう成立していることだ。さらに特徴を挙げるならば、全ての章の執筆者が糸賀に魅了され、糸賀に対する尊敬と愛情をもって執筆していると読者は感じることができることだ。

　これら執筆者の思いは、これまで糸賀に親しんできた読者には大変参考になるだろうし、これまで馴染みのなかった21世紀の若者にも必ず響くことだろう。そして、誰もが新たな糸賀像に出会うことにつながるはずだ。

　ただ、読み進めることで、対人援助職である私たちは、若干の現在の状況とのズレに気づき、心が揺れるかもしれない。それは、コラム5を執筆したおおつ福祉会の職員である黒川真友氏が以下のようにわかりやすく述べている。「糸賀の言葉に触れたとき、その理念と現場との乖離を感じてしまう一方で、現場での自らの体験と重ねて魅力も感じている。糸賀の言っていることを大事にしたいと思いつつ、それができていないと感じるという葛藤を抱えているのが現

状なのだろう」つまり本書を読むことにより、現在の自分の在り方に向き合い、今後の自分の生き方を問うことになるのだ。

　冒頭に触れたように、私が学んできた先輩たちの実践には、糸賀の思想と繋がるものが確実に存在した。それは私の憧れてきた実践者が糸賀を学び、その時代において「子どもと共に生きる生活」を通すことによって、「自分自身との対決」を続けてきたのだからと、本書を読了した現在は、想像することができる。

　編者の垂髪あかり氏は、障害児教育の世界に飛び込んだときに糸賀一雄を知らなかったという。しかし、糸賀の功績に心を動かされ、思想と実践をもっと知りたいと考え、糸賀研究を続け、現在に至っている。垂髪氏のように、糸賀に出会い、心が動き生き方を変えた人々は他にも多くいたはずだ。

　私たちを取り巻く周囲に格差と貧困が広がる現在だからこそ、再び糸賀の思想と実践の価値は高まってくるのではないだろうか。だからこそ、対人援助職である私たちは今一度、糸賀を学ぶ必要性があるように思える。そして、黒川氏の言葉を借りるならば、「糸賀の言葉に感じた魅力と結びつけて考え合う機会を多忙ななかでも意識的につくることで、理念と現実との乖離を埋める」ことが大切なのだろう。この書籍により、糸賀一雄の魅力が広がり、「ミッドレーベン」を胸に子どもと向き合う対人援助職が増えることを切に願う。

SNE ジャーナル，28(1)，2022，175 - 178

図書紹介

鈴木庸裕著

『学校福祉論入門
―多職種協働の新時代を切り開く―』

(学事出版、2021年)

紹介者：児嶋 芳郎 （立正大学）

　本書のタイトルにもなっている「学校福祉」について、筆者は「学校教育と社会福祉とのつながりを創造するもの」であり、「教育福祉の類推やスクール（学校）ソーシャルワークと同義」ではなく、「学校教育と社会福祉のつなぎ目になる言葉や実践、理論を生み出そうとする意図から」使っている用語であるとし、学校の福祉的機能とは、「学校が子どもの福祉（生活の質の向上）に責任を負い、子どもの幸福と将来の生き方を追求する公的な保護機能」だと述べる。

　そして、「今日の教育課題の問題解決が教職関係者だけの営みではないことは自明」であり、「教育現場への社会福祉サービスや心理教育的アプローチ、医療や司法の介入は急速に」進んでおり、「いじめや不登校の背景に虐待や貧困、生活困窮などがあり、虐待などの生成要因にいじめや不登校、校内暴力などの経験があることに多くの教育関係者が気づいて」きており、「その克服のために数多くの施策や事業、法規が生まれ、支援・援助者の多様化」が広がったが、「教育課題の根底にある子どもの「生きづらさ」（生活課題の困難、生活現実への接近）には行き届いておらず、多職種による組織的な取り組みも不安定なまま」であると指摘し、その要因に子どもの「生きづらさ」は一つの専門性では見えづらいという限界があり、対人援助専門職の多様化・重層化によって生まれる「ボーダーレス化」が積極的に活用されていないことを挙げている。

　本書は「学校福祉」をキーワードに、「ソーシャルワークのある学校社会の創造という視点から、教師とともに「学校で仕事をする」多職種に共通する価

値や目的、方法論的な基礎」を取り上げ、「「学校は教師が担う」という状態か
ら、個々の専門職の境目を取り払い、その重層化（重なり）をプラスにとらえ
る視点、そして「学校（教育機関）で一緒に仕事をする」専門性とその形成」
を考えていくために、以下紹介する7講で構成されている。

　第1講では、「チーム学校」論への批判的検討を行った上で、東日本大震災
からの教育復興、児童虐待、いじめといった場面での多職種協働・連携のあり
方を振り返り、学校における今後の多職種協働の重要性について論じられてい
る。筆者は「学校における多職種連携の目的は、学校の多様化や子どもの多文
化化を保障する学校づくり」であり、「これまで教師による「ソロアプローチ」
になりがちだった学校教育は、一つの専門性が子どもの多様性を閉じ込めて」
いたと指摘し、「日頃の子どもや保護者とともにある多職種連携の役割に関心
を高めていかねばならない」と論じている。

　第2講では、学校福祉と生活指導との位置関係を確認する作業が行われてい
る。筆者は「学校は子どもたちの「生活（いのちとくらし）の質」の向上を保
障する」場であり、「学校におけるソーシャルワークは「生活の質」を高める
諸サービスを学校のもつ機能と統合し開発する営みだと考えねば」ならないと
述べ、「生活指導と学校福祉との関係とは、教育実践と学校におけるソーシャ
ルワークとの連携をめぐる内在的結合性」であり、学校福祉は「生活指導と社
会福祉を結びつける媒介」だと述べる。

　第3講では、「特別なニーズ教育が最優先するものは子どもたちが幸福で安
全・安心な学校生活をおくることであるととらえ、教育の福祉的機能回復への
挑戦」であり。「ソーシャルワークを学校における公的な社会的技術に高める」
上で、下支えするものになっているとの認識のもと、「権利擁護（アドボカ
シー）」をキーワードに論が展開されている。

　第4講では、生徒指導と学校におけるソーシャルワークとのつながりの「水
脈」を探るために、戦後新教育期のガイダンス論導入期における生徒指導と学
校福祉事業との関係把握が行われる。この作業を通じて、筆者は「児童福祉の
みならず、地域における子ども福祉の「肩代わり」を学校が担うという「奇妙
な」日本の公教育システムを問題とすることだけでなく、その「奇妙さ」が学
校におけるソーシャルワークの存在を、逆にポジティブなもの」にすると述べ

る。

　第5講では、「人びとの多様な困難は、見ようとしないと見えないもの」であり、「意識的な気づきがあってはじめて困難への支援が真のものに」なるが、「学校では、教師やスクールカウンセラー、スクールソーシャルワーカーといった専門職の力量がその支援の対象把握や困難克服の筋道と質を規定してしまい、かえってあるケースを支援困難なケースにして」しまい、「多様な困難とそこへの不適切な支援が困難をさらに複雑化することも」あるという課題意識のもと、「ソーシャルワークとは、困難を抱える当事者がどんな経験や体験をしてきたのかを、複数の関係者（多職種）の専門的な知識を駆使してアセスメントを行い、そうした関係者の具体的な支援力を相互に高める営み」であると定義した上で、「子どもの貧困」「いじめ」「不登校」「発達障害」「避難児童生徒」といった「困難」な状況にある子どもたちについて検討している。そして、「ソーシャルワークに携わる者には子どもたちが持つ可能性をキャッチする鋭敏性が求められる」とする。

　第6講では、「子どもの貧困をめぐる「子ども理解」とそのあり方について、東日本大震災後、特に福島における震災直後の子どもたちの声と今を振り返る若者たちの声から、子どもの貧困をどう理解し、そこに多職種協働を具体化する筋道について」論じられている。筆者は東日本大震災後の福島県内の「子どもの貧困」を「支援の形態や質が生み出す貧困」「人に支えられることの貧困」（支えてくれる人の不在）「地域を失うことの貧困」と表現し、それを子どもの生きづらさととらえ直す必要があると述べ、「社会的で組織的な仕組みをつくらないと子どもの発達保障につながっていかない」と指摘する。

　第7講では、これまでの論を踏まえ、学校福祉における多職種協働の人材育成について、具体的には、「学校教育と社会福祉を橋渡しする「協働の担い手」の育成を思考して多職種連携学習（教育）との連接」が考察されている。その上で筆者は「今後、学校教育と学校臨床・学校心理、及び学校臨床と社会福祉との連接を含む「トライアングル」を通じた多職種協働を検討していく」必要があると、今後の展望について述べている。

　本書に通底されている視点は、さまざまな「生きづらさ」がある子どもたちに対して、いわば「子どもを真ん中に」して、学校という場で働く多職種が連

携・協働して子どもたちの発達を保障する必要があるというものであろう。そして、子どもたちの「生きづらさ」に対して、それぞれの専門性という「縄張り」を越え、縦割りによって生じる「すき間」をつくらないために、専門性の重なりを意識し、それを積極的に活用する必要性が示されている。

　子どもたちは個々の職種の専門性の縦割りに対応したニーズの集合体ではなく、「幸せに生きたい」という願いをもっている総合的な存在である。コロナ禍によって子どもたちが抱える困難が非常に多様化・深刻化している状況の中で、「チーム学校」論への形式な対応ではなく、これを契機としつつも、それを乗り越える多職種の連携・協働のあり方を考えていく際の手助けと、本書はなるであろう。

図書紹介

野口武悟・児島陽子・入川加代子著

『多様なニーズによりそう学校図書館
―特別支援学校の合理的配慮を例に―』

（少年写真新聞社、2019年）

紹介者：石川 衣紀（長崎大学）

　2022年6月に文部科学省が改訂した「特別支援学校施設整備指針」では、図書室について「幼児児童生徒がその時々の状態に応じて居場所にできる小空間・コーナー等の空間を、学習空間と有機的に関連づけて配置するなど、快適な空間を計画することが重要である。また、椅子やベンチ、畳、カーペットなどの家具を配置し、児童の自主的・自発的な学びや交流を生み出す工夫も有効である。」という文章が新たに追加された（小中高の指針も同様）。

　まさに本書のタイトルにもあるように、学校図書館（図書室）は子どもの多様なニーズに寄り添う場であることが改めて示され、またその可能性を大きく有している。著者らはこうした学校図書館の果たす重要な意義・役割について繰り返し検討・提起を行ってきており、本書もその流れに位置づくものである。

　本書はとくに後半で特別支援学校の学校図書館に焦点を置くが、その問題関心の根幹には「小学校、中学校、高等学校に比べて学校図書館環境の厳しい現状」（p.3）があることと、その大きな背景としての「学校図書館の校内での優先度が低い（つまり、なくても困らない存在だと思われている）」（p.4）という実情がある。その上で本書の重要な意義は、「特別支援教育に固有の学校図書館の役割というものは」なく（p.17）、すべての学校ですべての子どもが等しくアクセスできる資源であるべきと強調し、そのアクセスを支える合理的配慮の視点からインクルーシブな議論として提起していることである。

　内容は大きく二部構成であり、「第一部　理論編：学校図書館における基礎的環境整備と合理的配慮」では、まず「第一章　重要さを増す学校図書館」で

これまでの学校図書館制度と学校図書館の有する多様な機能について概観され、「第二章　義務化された合理的配慮の提供」では障害者差別解消法と合理的配慮（および基礎的環境整備）の基本について改めて整理されている。「第三章　多様なニーズの理解と把握」では図書資料や学校図書館そのものを利活用する際の困難・ニーズについて障害の状態像ごとに簡潔に紹介・整理されている。「第四章　合理的配慮を支える基礎的環境整備の推進」では様々な補助具やアクセシブルな資料について紹介されたほか、学校図書館における基礎的環境整について小中高校いずれも「何もしていない」が4割以上で最多という現状について指摘されている（p.55）。「第五章　学校図書館における合理的配慮の提供」では、具体的な提供方法について学校現場がすぐに実践しやすい形で紹介・情報提供されている。「第六章　『読書バリアフリー法』の時代をむかえて」では、視覚障害者に限らず様々な理由によって通常の印刷物へのアクセスが困難な人々（プリントディスアビリティと呼ばれる）の「他言語のアクセシブルな資料の入手可能性」（p.72）を大きく拡げる「盲人、視覚障害者その他の印刷物の判読に障害のある者が発行された著作物を利用する機会を促進するためのマラケシュ条約」（2019年1月に国内発効）と、関連して2019年6月に制定された「視覚障害者等の読書環境の整備の推進に関する法律」（読書バリアフリー法）について紹介されている。

　第一部を受けて「第二部　実践編：鳥取大学附属特別支援学校の挑戦」では、知的障害児教育における学校図書館の役割・可能性について、具体的な取り組み事例をもとに提起される。「第一章　知的障害のある子どもたちと読書」では冒頭で示された問題関心に再度触れながら、さらなる課題として「思春期、青年期にある中学部や高等部の子どもたち」の「生活年齢に合った」資料が知的障害特別支援学校では少ない（p.84）という指摘が非常に重要であろう。第二章以降では、鳥取大学附属特別支援学校の学校図書館が実際にどのように運用されているかについて紹介されている。「第二章　学校図書館ビフォーアフター」「第三章　障害特性や発達段階に応じた環境整備（施設・設備・資料）」では、2013年の校舎改修にともなって学校図書館が大幅にリニューアルされた様子が写真とともに分かりやすく紹介されている。ここで重要なことは、リニューアルに至る前の2010年に臨時ではあっても初めて学校司書が

入ったことであろう（p.86）。その後高等部生や職員・図書館ボランティアの協力もあって蔵書・資料の一斉整理も実現し、「貸出冊数がぐっと伸びて」（p.87）いった矢先の校舎改修であった。2012年には新たに学校司書が着任しており、「司書教諭と学校司書の二人で、どこに何を置くか学校図書館の図面を考えたり、大学に要望を出したりして、設計段階から関わって」（p.87）いけたのである。

「第四章　学校図書館を支える人的体制とネットワーク」では、鳥取県の特徴的取り組みとして①司書教諭が全校配置になっていること、②県内の公共図書館・鳥取大学附属図書館・附属学校部図書館がネットワークを構築して横断蔵書検索や相互貸借等が可能になっていることが紹介されている。「第五章　個に応じた学校図書館サービス」では、子どもたちの読書実態とニーズを丁寧に把握するための「読書カルテ」の取り組みが紹介され、子どもや教職員への資料貸出、リクエスト、レファレンスに適切に対応する学校司書の「専門的な対応力」（p.122）の重要性が強調されている。「第六章　学校図書館を活用した授業と支援」では、司書教諭と学校司書が様々な授業に参加している取り組みが紹介されている。一例として高等部専攻科での「研究ゼミ」では学校司書が毎回授業に入っており、テーマ決め、適切な情報検索方法、資料の見極め、図書館での蔵書探し等、1年間かけて取り組んで最後のプレゼンテーションまで丁寧に関わっていく。最後の「第七章　学校図書館を活用した探究的な学習」では、学校図書館を活用した中学部の生活単元学習の授業実践について紹介されている。ここで「学校図書館活用が目的なのではなく、生徒の探究的な学習、学びを支えるツールとして学校図書館活用がある」ことと「生徒の実態に応じた支援を行いながら学校図書館を活用することで、知的障害がある生徒でも多様な学びができ」ることが強調され（p.161）、特別支援学校に限らずすべての学校図書館が子どもの多様なニーズに寄り添える可能性を有していることが改めて示されている。

　以上見てきたように、本書は子どもの多様なニーズにすべての学校図書館が応じていけるようになることを目指して、その基礎となる理論と実践について丁寧に分かりやすく記されている。今後さらなる研究・議論の発展を期待するにあたり、障害の有無にかかわらず子ども本人が学校図書館に対してどのよう

な想いを持っているのか、どのような場所としてあってほしいと考えているの
か、ぜひそういった子どもたちの声も集めていただきたいと思う。

　どの子どもも、学ぶ意欲と力・可能性をすでに持っており、あとは周りの大
人がその事実とどれだけ真摯に向き合うことができるかであるといえる。本書
は学校図書館の利活用を切り口にして、そのことを問うている大事な一冊であ
る。多くの方の手に取られることを願ってやまない。

2022年度日本特別ニーズ教育学会奨励賞および文献賞の授賞

2022年6月26日
日本特別ニーズ教育学会
代表理事　加瀬　進
研究委員長　髙橋　智
奨励賞選考委員長　黒田　学

　2022年度日本特別ニーズ教育学会奨励賞につきまして、日本特別ニーズ教育学会奨励賞規程に基づき、『SNEジャーナル』第27巻1号の「原著」および「実践研究」の区分に掲載された論文を対象に選考を行いました。

　奨励賞選考委員会による予備選考により授賞候補論文を選定した後、理事会（2022年6月4日開催）にて審議した結果、理事会は全員一致で、以下の2編の論文を2022年度日本特別ニーズ教育学会奨励賞授賞論文として決定し、関内偉一郎氏（東邦大学理学部非常勤と古村真帆氏（神戸大学大学院人間発達環境学研究科・日本学術振興会特別研究員）に2022年度日本特別ニーズ教育学会奨励賞を授与することとなりましたのでご報告いたします。

①　授賞者　関内偉一郎氏
　　授賞対象論文：＜原著関内偉一郎「米国ペンシルベニア州における才能教育の法制化とギフテッドの教育保障—障害児教育との法的関係性に着目して—」
②　授賞者　古村真帆氏
　　授賞対象論文：＜実践研究＞古村真帆「通常の学級における知的障害特別支援学級在籍児童の授業参加—『学び合い』・自由進度学習を取り入れる学級の事例研究—」

　続いて、2022年度日本特別ニーズ教育学会文献賞につきまして、日本特別ニーズ教育学会文献賞規程に基き、『SNE ジャーナル』第27巻1号に「書評」として掲載された本学会会員の学術研究図書を対象に選考を行いました。理事会（2022年6月4日開催）にて審議した結果、理事会は全員一致で、羽山裕子氏（滋賀大学）に2022年度日本特別ニーズ教育学会文献賞を授与することとなりましたのでご報告いたします。

> 授賞者　羽山裕子氏
> 　　　　授賞対象文献 ＜書評＞ 評者：赤木和重（神戸大学）
> 　　　　羽山裕子著『アメリカの学習障害児教育―学校教育における支援提供のあり方を模索する―』（京都大学学術出版会、2020年）

　なお、今年度開催される「日本特別ニーズ教育学会第24回研究大会（大阪体育大学）」におきまして授賞式を行うとともに、授賞者による記念講演を行っていただく予定です。

> 2022年度日本特別ニーズ教育学会奨励賞および文献賞授賞式
> ○日　時：2022年10月29 ～ 30日の日本特別ニーズ教育学会
> 　　　　　第28 回研究大会（オンライン開催）の 学会総会時
> ○会　場：オンラインにて実施

日本特別ニーズ教育学会文献賞規程

第1条（目的）

　日本特別ニーズ教育学会文献賞（以下、文献賞）は、日本特別ニーズ教育学会（以下、本学会）の「特別ニーズ教育に関する理論的・実践的研究を通して、学習と発達への権利に関する教育科学の確立を期する」という目的に資するため、本学会会員が公刊した学術研究図書の顕彰を通して、特別ニーズ教育に係わる高度な専門研究の深化・発展をめざすものである。

第2条（対象）

　文献賞の対象は、前年の機関誌『SNEジャーナル』において「書評」として掲載された本学会会員の学術研究図書とする。学術研究図書は出版社により刊行されISBN（国際標準図書番号）が付されたものであり、単著・共著の別は問わないが（編集・監修は除く）、著者全員が本学会会員であることが要件となる。

　2　過去において文献賞を授賞した本学会会員の学術研究図書についてはこれを除くものとする。

　3　初回の選考に限り、本規程制定時より5年間遡って審査対象とする。

第3条（審査・選考）

　文献賞の審査は、本学会理事会に設けられた審査委員会がこれに当たる。審査委員会の構成等については別にこれを定める。

　2　審査委員会の審査に基づき、理事会の審議により文献賞授賞者を決定する。

第4条（表彰・公表）

　文献賞授賞者の表彰は毎年本学会総会において行い、授賞者に賞状を授与するとともに、本学会ウエブサイト、機関誌『SNEジャーナル』、会報等にて公表する。

第5条（管理運営・事務）

　文献賞に係る管理運営および事務の執行は、本学会理事会の研究委員会および事務局がこれに当たる。

付則

　1　この規程は2021年6月13日より施行する。第1回の文献賞授賞は2021年10月24日の本学会総会時に行う。

次号『SNEジャーナル』第29巻（2023年秋発刊予定）への原稿募集

『SNEジャーナル』への投稿を歓迎します。

投稿資格、投稿原稿の種類、投稿要領などは**「投稿規定」「執筆規定」**をよくご覧下さい。投稿区分による原稿枚数や図表の扱いなど、規定を逸脱している原稿が毎回何本か見られます。ご注意下さい。

なお、原著論文は、本学会の研究大会もしくは研究集会等で何らかの報告をしていることが望まれます。また、通常の学校・学級、特別支援学校その他の教育機関や相談機関における、特別な教育的ニーズをもつ子ども・青年・成人にかかわる教育実践の研究・報告なども歓迎します。

投稿原稿は複数の編集委員・編集協力委員が査読し、査読結果に基づいて編集委員会が採否を決定します。

投稿期日につきましては、2023年4月下旬を予定しておりますが、詳細は今後の理事会で決定いたします。会員の皆様には、ホームページや事務局便り等にて、年度内に詳細をお知らせいたします。

日本特別ニーズ教育学会
機関誌『SNEジャーナル』編集委員会

◆編集委員会 E-mail : hensyu@sne-japan.net
◆投稿原稿等送付先（郵送分）：金沢大学人間社会研究域　田部絢子研究室
　　　　　　　　　　　〒920-1192　石川県金沢市角間町
　　　　　　　　　　　電話：076－264－5516（研究室直通）
　　＊編集委員会へのお問い合わせはメールでお願いいたします。

SNE ジャーナル編集規定、編集委員会規定、投稿規定及び執筆規定

編集規定

1．本誌は「日本特別ニーズ教育学会」(略称SNE学会) の研究誌であり、誌名を『SNE ジャーナル』とする。当分の間、原則として1年1巻とする。
2．本誌は、本誌の性格にふさわしい未発表の原著論文、実践研究、資料、報告、会報、その他で構成する。実践研究も、その実践及び研究が明確な仮説に基づいておこなわれ、論文が論理的に構成されているものは、原著論文として扱う。
3．出版形式は印刷によるものとするが、DVD出版 (原稿を単純にテキスト・ファイルに変換しただけのもの) も用意し、希望者に有償で頒布する。
4．本誌に投稿できる者は、編集委員会の依頼による者以外は、本学会の会員に限る。ただし、常任編集委員会が認めたものはその限りではない。なお、著者全員が本学会の会員であり、年度会費を納入済みであること。
5．本誌に投稿しようとする会員は、所定の投稿規定に従うものとする。

(2017年2月5日　理事会承認)

編集委員会規定

1．機関誌『SNE ジャーナル』編集委員会 (以下、「編集委員会」という) は、本学会の機関誌『SNE ジャーナル』の編集ならびに発行に関わる業務を行う。
2．編集委員会は理事をもって構成する。
3．編集委員会には、編集委員の互選による編集委員長および副編集委員長を置く。編集委員長は編集委員会を代表し、機関誌の編集・発行にかかわる一切の業務を統括する。副編集委員長は編集委員長を補佐し、編集委員長事故ある場合には、その職務を代行する。
4．編集委員の任期は3年とし、再任を妨げない。
5．編集委員会は、編集委員長がこれを開催する。
6．編集委員長は、編集委員会の運営に関し、適宜、理事会に報告する。
7．編集委員会は、必要に応じて、編集協力委員を委嘱することができる。編集協力委員は編集委員会から委嘱された論文の審査に加わる。
8．編集委員会は、その業務を補佐するために編集幹事をおくことができる。編集幹事は、編集委員会の議を経て、編集委員長がこれを依嘱する。

９．この規定の改定は、理事会で承認を得るものとする。

(2017年2月5日　理事会承認)

投稿規定

１．論文投稿者は本会会員に限られる。

２．投稿原稿は未発表のものに限る。

３．本誌には特別ニーズ教育に関する未公刊の和文で書かれた原著論文、実践研究論文、資料論文、報告などオリジナルな学術論文を掲載する。

　　(1) 原著論文は、理論、実験、事例等に関する研究論文とする。

　　(2) 実践研究論文は、教育、福祉などの実践を通して、実際的な問題の究明や解決を目的とする研究論文とする。

　　(3) 資料論文は、原著論文に準じた内容で、資料性の高い研究論文とする。

　　(4) 報告は、特別ニーズ教育に関する課題について報告する論文とする。

　　(5) 上記論文のほか、特集論文を掲載する。

４．原著論文・実践研究は、図表をふくめて、400字詰め原稿用紙換算で50枚以内（英文抄録が必要）とする。資料は、同じく400字詰め原稿用紙換算で30枚以内（英文抄録が必要）とする。報告は、同じく400字詰め原稿用紙換算で30枚以内（英文抄録は不要）とし、その他の投稿区分が必要な場合には編集委員会が判断する。

５．原稿は全てPCによりA4判に40字×30行でタイプし、使用したソフトウェア等については所定の書式による投稿カード及び投稿チェックリスト、著作権に係る承諾書を添付すること。表紙には論文種別（投稿区分）、論文題目、キーワードを記載し、投稿者名は書かないこと。図表等は、そのまま複写ができるように、本文とは別途に実寸で作成したものを添付し、本文原稿中に印刷箇所を指示すること。図表等の印刷費は、原稿執筆者に別途負担を求めることがある。規定に従い作成した原稿は1部を郵送する（簡易書留等）とともに電子メールにてPDFとして送付すること。

６．文献及び注の記載は執筆規定によるものとする。

７．投稿原稿には、題目・氏名の英文表記を付けるものとする。

８．原著論文、実践研究、資料には、執筆者の責任で3〜5項目のキーワード（和文・英文）を付けるものとする。

９．投稿原稿（報告を除く）には、本文とは別に、英文で300ワード程度の抄録を付け、その和文訳を添付するものとする。執筆者の責任で正確な英文にして提出すること。なお、英文以外を認めることがある。

10．日本語を母語としない投稿者が投稿する場合は、英文での投稿を認める。その際には、400字程度の日本語による抄録を付けるものとする。なお、英文以外を認めること

もある。

11. 原著論文および実践研究論文は、その論文内容に関する研究成果を投稿以前もしく
　　は当該年度の本学会大会にて発表することを要する。

12. 投稿者は本学会の「倫理綱領」及び日本学術会議「科学者の行動規範改定版」を遵
　　守し、投稿論文の内容について十分に人権及び研究倫理上の配慮をしなければならな
　　い。また、研究実施の際に配慮した研究倫理に係る事項があれば、論文中に記載する
　　こと。

13. 印刷の体裁、その他は編集委員会が決定する。

14. 投稿原稿は、返還しない。

15. 『SNEジャーナル』掲載原稿の著作権は、学会に所属するものとする。

（2017年2月5日　理事会承認）

執筆規定

1．表記については新仮名遣い、当用漢字、算用数字の使用を原則とするが、歴史的史
　　資料等についてはこの限りではない。

2．外国語の表記については次のいずれかに統一する。
　　①外国人名・地名等の固有名詞以外は訳語を用い、必要な場合にのみ初出の際だけ
　　　原語を付する。
　　②すべて訳語を用い、必要な場合にのみ初出の際だけ原語を付する。

3．註記については最後にまとめ、引用文献も含めて本文中に1）2）3）のように連番で
　　明示すること。文献記述の形式は次のとおりとするが、全体が統一されていれば、発
　　行年を著者名の直後に（　）で挿入してもよい。

＊雑誌の場合は、著者名、題目、雑誌名、巻号数、発行年、論文所在頁、単行本の場合
　　は著者名、書名、発行所、発行年、引用該当頁、とし、共著単行本の場合は雑誌に準
　　ずる形式とする。

　　例）

　　Rosenqvist, Jerry: Special Education in Sweden. *European Journal of Special Needs
　　Education*, Vol.8, No.1, 1993, 59-73.
　　荒川智『ドイツ障害児教育史研究―補助学校教育の確立と変容―』亜紀書房、1990、
　　35-48。
　　清水貞夫「障害児義務教育制度の直面する問題」茂木俊彦・清水貞夫編著『障害児
　　教育改革の展望』全障研出版部、1995、97-166。

（2017年2月5日　理事会承認）

「日本特別ニーズ教育学会」会則

第1条（名称）

　本会は、日本特別ニーズ教育学会（略称「SNE」学会）と称する。英語表記を"Japanese Society for Special Needs Education"とする。

第2条（事務局の所在）

　事務局は、東京学芸大学におく。

第3条（目的）

　本会は、特別ニーズ教育に関する理論的・実践的研究を通して、学習と発達への権利に関する教育科学の確立を期する。

第4条（事業）

　本会は次の事業を行う。

　　1 研究大会の開催。研究大会の開催にかかる規定は別に定める。

　　2 研究誌の発行。研究誌の発行は編集委員会が担当する。

　　3 研究委員会の組織。研究委員会は理事会が決定する。

　　4 研究成果に基づく図書などの刊行。

　　5 国際的な学術交流、共同研究の推進。

　　6 その他、本会の目的を達成するために必要な事業を行う。

第5条（会員）

　本会の目的に賛同し、その目的追求に参加する意志を有する者は、会員となることができる。入会にかかる規定は別に定める。

　　2　本会の運営・発展に大きな功績を残した会員を「名誉会員」とすることができる。名誉会員にかかる規定は別に定める。

第6条（会員の権利）

　　1 会員は、本会の事業に参加することができる。

　　2 会員は、総会に出席して意見を述べ、議決に参加することができる。

　　3 会員は、研究大会において発表することができる。また、研究誌に投稿することができる。

第7条（総会）

　本会の最高議決機関は総会である。定期総会は年1回開かれる。臨時総会は、理事会がこれを招集する。理事会は、会員の3分の1以上の署名による要求があるときは、総会を招集しなければならない。

　総会における審議事項は別に定める。

第8条（役員）

　本会に次の役員を置く。

　　1　理事。

　　（1）理事の任期は3年とし、連続する任期は6年までとする。理事の選出は、会員の選挙による。選挙の方法は別に定める。

　　（2）理事会における選挙により代表理事を選出する。

　　（3）代表理事の指名により副代表理事を置くことができる。副代表理事は、代表理事を補佐または代行する。

　　2　事務局長及び幹事。事務局長及び幹事は理事会が委嘱する。

　　3　会計監査。会計監査は理事会が委嘱する。

　　4　必要に応じて評議員を置くことができる。評議員は理事会が委嘱し、評議員にかかる規定は別に定める。

第9条（理事会）

　　1　理事は、理事会を組織し、本会の会務全体を総括する。

　　2　理事会の議長は代表理事が務める。

第10条（事務局）

　本会に事務局をおき、事務局長と幹事で構成する。事務局は会の事務処理を行う。

第11条（会計）

　　1　本会の経費は、会費、寄付金、補助金、印税その他の収入により賄う。

　　2　会費は、年額7000円とする。

　　3　会計年度は、毎年4月1日から翌年の3月31日までとする。

第12条（会則改正）

　本会則の改正は、総会において3分の2以上の同意によって行われる。

第13条（細則）
　　1 本会の運営を民主的かつ円滑にするために、別に会則細則を定めることができる。
　　2 会則細則の決定および改正は理事会の承認による。

付則　本会の会則は、1995年11月25日より施行する。
付則　本会の会則は1999年11月7日に改正する。
付則　本会の会則は2007年10月20日に改正する。
付則　本会の会則は2009年10月17日に改正する。
付則　本会の会則は2012年10月21日に改正する。
付則　本会の会則は2013年10月20日に改正する。
付則　本会の会則は2016年10月16日に改正する。

SNE JOURNAL Vol.28 No.1

Contents

SPECIAL ISSUES : Reexamine What is Meant by "Special Needs"
in Special Needs Education

<Report>
TABE Ayako, TAKAHASHI Satoru :
  Trends in Research on Eating Difficulties and Risks of Children
  in COVID-19 Pandemics

ISHII Masayuki, AKAGI Kazushige :
  How do teachers at school for special needs education recognize the
  clumsy about the students with intellectual developmental disorders?:
  Focusing on individual faculty expertise, in-school cooperation,
  and external cooperation

edited by
Japanese Society for Special Needs Education

Academic Historical Review of the Concept of "Special Educational Needs" in Special Needs Education: An Examination of the Discussions During the 10 Years of the Establishment of the Japanese Society for Special Needs Education

TAKAHASHI Satoru

In this paper, we reviewed the concept of "special educational needs" in the Japanese Society for Special Needs Education, limited to the approximately 10 years from 1995 to 2006. We conducted an academic historical review of the debate on "special educational needs" and examined its outcomes, achievements, and challenges.

As a result, we evaluated the perspectives of the Japanese Society for Special Needs Education on the subjectivity, characteristics of the parties and rights of the concept of "special educational needs" as being very pioneering and unique.

However, it has taken a long time for the Japanese Society for Special Needs Education to expand and deepen its research, practice, and support based on the perspectives of subjectivity, characteristics of the parties and rights. We believe that continued academic and historical review on this subject is necessary.

Reaching points and Prospects of Special Needs Education from the Perspective of Pedagogy for Children with Disabilities

KAWAI Ryuhei

In order to discuss the reach and prospects of special needs education theory from the perspective of pedagogy for children with disabilities, this paper presents three issues: 1) the structure of the relationship between education for children with disabilities and special needs education, 2) the object theory of special educational needs and disability category, and 3) "needs for educational placements". Furthermore, the functions and roles of special education for children with disabilities and special needs education are discussed. Special needs education is an intrinsic critique of inclusive education from the perspective of specific needs that cannot be reduced to diversity. If so, pedagogy for children with disabilities is a radical critic of special needs education and inclusive education, which can be inclusive yet invisible to the specific rights and needs of those with disabilities. The current emphasis on diversity leads to exclusion and division. Therefore, it is important to thoroughly meet the diverse and specific needs within the disability category, as well as diverse needs outside of the disability category, each of which has its own diverse and specific needs. In the process of accumulating such practices and movements for special educational needs, the need arises to reconstruct the commonality and communality of diversity and multifaceted needs.

The Issues and Prospects of Special Needs Education during the preschool years:
The Trend of "Early Childhood Education and Childcare", "Treatment and Education", "Child-rearing Support"

TANAKA Ken

The purpose of this study is to provide an overview of the trends of "early childhood education and childcare", "treatment and education", "child-rearing support" with special needs in postwar Japan, and to examine the issues and prospects of special needs education during the preschool years.

As a result, the following points were revealed. Early childhood education and childcare institutions need to manage facilities that aim for inclusive early childhood education and childcare based on the concept of childcare. There is a paucity of evidence-based practice and study on treatment and education. In today's society, it is necessary to improve the parallel schooling system, such as the promotion of policy making to promote the combination of early childhood education and childcare institutions and treatment and education institutions and offices.

What are the special needs of children with severe physical and mental disabilities?: Understanding and support

WATANABE Ruriya

In this paper, I have summarized and described the needs of children with severe motor and intellectual disabilities from three perspectives from the research report and the author's experience. The first point of view is the needs that arise from themselves. Children with severe motor and intellectual disabilities have weak responses due to their disabilities, and often have difficulty communicating. We have organized the information focusing on the difficulty of grasping the actual situation and supporting the communication function from infancy to early childhood and subsequent education and rehabilitation. The second is the needs that arise in connection with the families of children with severe motor and intellectual disabilities. Children with severe motor and intellectual disabilities need care throughout their lives, so they are closely related to the health and living conditions of the family members who care for them. The third is children with severe motor and intellectual disabilities and support for their community life. Welfare and medical support for children with severe motor and intellectual disabilities are being developed. Here, we have organized issues focusing on support for unexpected changes in the living environment such as the growth of children and the living conditions of families. It is hoped that research report will continue to be accumulated in the future, such as reports on the actual conditions and support methods for critically ill children that can be used in clinical settings, and the process of restructuring support for changes in the living environment.

Special Needs and Peer Support by persons with Special Needs: From the perspective of the author, who has long pioneered peer support for problems such as non-attendance at school, maladjustment, abused children, mental disorders, and young caregivers.

MORISADA Kaoru

Written from the perspective of the author, who has practiced peer support for problems such as non-attendance at school, maladjustment, abused children, mental disorders, and young caregivers, this article discusses whether current understanding and support for persons with special needs respond to the objectives of the Japanese Society for Special Needs Education and meet their special needs; and suggests the potential for the ideas and experiences of the author and those of persons with special needs to be applied to studies by members of the Japanese Society for Special Needs Education.

In our peer support practice, practical research began in the 1990s at evening high schools and junior high schools. We are also currently conducting social work for young persons with special needs following the completion of school education. Underlying this were persons with special needs experiencing the onset of maladjustment, disease, etc. due to various requirements being faced in the community and changes in support systems despite receiving support for special educational needs in school education. We are currently providing support for persons with special needs and their children (second generation) in collaboration with persons with special needs, peer supporters and researchers.

Similarly, it is not uncommon that Japanese Society for Special Needs Education researchers and persons with special needs collaborate on research. The progress of collaborative research may assist persons with special needs with their troubles.

Therefore, it is essential for members of the Japanese Society for Special Needs Education to collaborate with persons with special needs for practical research on not only understanding and support in school education, but also to ensure understanding and support for problems faced by persons with special needs and their families during the transition from school to the community and various life stages (enrollment in further education, finding employment, and childrearing).

Changing perceptions of children with mutism
in educational casebooks:
The shift seen in *the Practice of Teaching Troubled Children*
and *the Casebook of Emotionally Disturbed Education*

FURUDONO Shinta

This paper describes how educators' perception of children with mutism changed in the transition from 'education of teaching problem children' in the 1950s to 'education of emotionally disturbed children' in the 1970s.

In the 'education of teaching problem children', children with mutism were recognised as problem children, not 'handicapped', and mutism was regarded as one of a variety of problematic behaviours. Mutism was understood as a personality problem. Whereas, in the 'education of emotionally disturbed children', children with mutism were treated as 'handicapped' and their various problematic behaviours were regarded as being caused by their silence. Mutism was understood to co-occur with emotional problems.

This paper shows that the educational practices considered appropriate differed due to these different perceptions of the children.

How Teachers Support Children's Attendance at School: A Case Study of the Work of a Teacher with Additional Support for Children in Elementary School

YAMAGUCHI Manami

The aim of this paper is to clarify the works of the teacher in charge of child support, which is a unique position among teachers, through data obtained through fieldwork.

There are many long-term absentees in elementary and junior high schools in Japan, which are expected to be concentrated in certain school districts with socio-economical difficulties.

There has been little study of the socio-economic background of school districts and its impact on their work and the work of additional teachers. Another important issue to consider in relation to research on the special needs education is who teachers consider to be a target for support.

Through an intensive three-days observation of the teacher who support children's school attendance at an elementary school, we clarified the following points.

1) The teacher was judging the targets based on whether or not the children were in need of support, 'children who can hardly come to school on time in the morning on their own', rather than on their characteristics.

2) The teacher lists the children most likely to be absent or late for school and check to see if they are coming to school every morning. And if they didn't come to school, the teacher would call or pick them up. In other words, the teacher worked flexibly both inside and outside the school as a core part to share information about children in need of support.

Educational Support for Children with Developmental Disabilities in "Foreign Language Activities or Foreign Language classes" in Regular Elementary School Classrooms: Focus on Factors Related to Educational Support

IKEDA Junnosuke   OKUZUMI Hideyuki

This study was conducted to examine educational support for children with developmental disabilities in foreign language activities and foreign language classes in regular elementary school classrooms in terms of educational difficulties, teacher attributes, and class contents. For 29 elementary schools of 19 municipalities, a questionnaire survey was administered by post to teachers of foreign language activities and foreign language classes. The survey respondents were 67 teachers.

Based on the findings, five factors of educational difficulties were identified. Six factors of educational support were identified. Results suggest the following: "Support for outlook" and "support by letter" correlate with language activities in English; "Support for notation and expression" is associated with difficulty in devoting attention to detail; "Support with physical movement" is related to "difficulty in English speech" and to "difficulty in learning letters"; "Support for verbalizing children's thoughts" correlates with teachers' English language proficiency and teachers' class preparation.

This study suggests the following perspectives for educational support for children with developmental disabilities in each subject, including foreign languages. For example, in addition to support that should be provided for all subjects, support should be related specifically to each subject and to the teacher's expertise. Future examination of these points will be necessary based on these perspectives.

Historical Review on Japanese Children and School Education
during the Spanish Flu Pandemic (1918-1920)

NOHDA Subaru   TAKAHASHI Satoru

This article clarifies the actual conditions of infection among children, various difficulties and the responses of schools and teachers under the Spanish Flu (1918-1920), which also raged in Japan.

The Spanish Flu was a pandemic of highly virulent influenza. In the serious situation, teachers and school doctors took various preventive measures, even though the pathogen was unknown. In spite of the hotbed aspect of the epidemic, schooling institutions were actively engaged in protecting children. The Spanish Flu eventually gave way to seasonal influenza, with a gradual decline in morbidity and mortality.

The Spanish Flu subsequently led to amendments to the "Regulations for the Prevention of School Infectious Diseases", the "Guidelines for the Prevention of Influenza" and other measures being prescribed. However, with high mortality diseases such as dysentery, typhoid fever and tuberculosis still prevalent, the Spanish Flu was forgotten and faded with time.

The few historical documents that remain give a glimpse into the fears and anxieties of children at the time, but in an infectious disease disaster where the logic of "everyone is in trouble" prevails, the voices of children are largely unknown. It is necessary to historically clarify the voices and thoughts of children as parties to the Spanish Flu pandemic.

Response to COVID-19, it has also become clear that schools are the system that protects and supports children. The immediate task is to elucidate the role and challenges played by school education institutions, which are often neglected in the history of infectious disease disasters, and how they have been succeeded and institutionalized in the subsequent response.

編集後記

　世界的な新型コロナウイルス感染症パンデミックは３年目となりました。子どもにおいては感染症への不安・恐怖や先行きの見えない生活のなかで、抑うつや孤独・孤立、睡眠・食・生活リズムの乱れ、学校に行きづらいと感じる子ども、自傷行為、自殺者数の増加など、多様で深刻な影響が報告されています。

　子どもがコロナ禍で抱えている発達の困難・リスクには、以前から生じていた問題とも不可分な関係なものもあり、それがコロナ禍によって一層深刻化したとも推測されます。子どもの生活基盤の不安定さ、睡眠・生活リズムの困難、うつ等の心身の不調等も相まって心身の発達への長期的な影響が強く懸念されます。

　そのなかにあって、本学会の掲げる「特別ニーズ教育」の意義・役割・機能があらためて問われています。こうした現状もあり、本誌第28巻の特集は「特別ニーズ教育の『特別ニーズ』とは何か、改めて検討する」としました。

　本学会設立25周年企画「改めて『特別ニーズ教育』とは何か」をふまえ、本学会の基本原理である「特別ニーズ（特別な教育的ニーズ）」概念について、その現代的な意義・役割および当面する検討課題はいかなるものかを改めて問い直そうとするものです。特別ニーズ教育研究の原点に立ち戻り、軌跡を振り返りながら、その理念・概念の再検討を企図して構成しました。コロナ禍の今こそ、子ども・若者の特別ニーズを改めて皆様とともに考えていく機会となれば幸いです

　本誌第28巻には多くの投稿論文のうち、数回の査読・編集委員会審議を経て、「原著１本、資料３本、報告２本の合計６本」（採択率40％）を掲載することができました。前期理事会において設けられた「日本特別ニーズ教育学会奨励賞」や「若手チャレンジ研究会」の開催以降、とくに原著論文・実践研究の投稿数が大幅に増加しました。今後も引き続き会員の研究的挑戦を支えていくことができるよう、理事会・研究委員会とともに研究支援システムの改善を進めていきます。

　本学会では「編集協力委員」制度を設け、投稿論文の増加と幅広い研究テーマに対応し、より精度の高い査読を行えるように努めています。投稿論文の内容に応じて、編集委員会より会員の方々に査読依頼をしています。ピア・レビューの意義をご理解いただき、お引き受け下さいますようお願い申し上げます。今号におきましても14名の方々に編集協力委員をお引き受けいただきました。ここに記して御礼申し上げます。

　今期理事会・編集委員会が担当する機関誌『SNEジャーナル』の編集業務は今号が最後となりました。ご投稿いただいた皆様、特集・書評・図書紹介・査読等をご担当いただきました皆様に感謝いたします。また、本誌の刊行を28年間の長きにわたってご担当いただいております文理閣の山下信編集長に厚く御礼申し上げます。

（編集幹事　田部絢子）

『SNE ジャーナル』第 28 巻 第 1 号

特別ニーズ教育の「特別ニーズ」とは何か

2022 年 10 月 30 日発行

編集者　日本特別ニーズ教育学会『SNE ジャーナル』編集委員会

　　　　　　　　　（編集委員長　澤　隆史）

発行者　日本特別ニーズ教育学会

　　　　　　　　　（代表理事　加瀬　進）

発行所　図書出版　文理閣

　　　　京都市下京区七条河原町西南角 〒 600-8146

　　　　電話 075 (351) 7553　FAX 075 (351) 7560

ISBN 978-4-89259-926-2

ISSN 1343-3288

日本特別ニーズ教育学会事務局

　　　〒 156-8550　東京都世田谷区桜上水 3-25-40

　　　日本大学文理学部教育学科

　　　　田中　謙　jimukyoku@sne-japan.net